戦後の技術立国日本のレジェンド

ソニーAI技術

井深大と

ホンダジェット

本田宗一郎の遺訓

先端技術が失われた40年、
どん底から復活せよ

豊島文雄

はじめに

2023年4月13日号の週刊文春にこんなスクープ記事が掲載された。

タイトルは「ソニー井深大、AI、自動運転を予言した62年前の音声発掘」

記事の冒頭には、ソニー創業者・井深大の肉声の文字起こしを読んだ日本のAI研究の第1人者である東京大学大学院・松尾豊教授のコメントがある。

「すごい、の一言ですね。まさに未来を正確に読んでいる。今の人工知能の状況がほとんどそのまま当てはまる気がします。すごい、すごいと聞いたことはありましたが、こんなに、こんなすごい方だったんだ、という衝撃をうけました」


この詳細については「第1章」で紹介することにする。

世界に先駆けてトランジスタの量産を可能にして「世界のSONY」を誕生させ、日本の電子立国をもたらした、戦後日本を代表する天才技術者、その人物こそソニー創業者の井深大である。

その井深が60数年前、「半導体の次はＡＩ技術の応用分野に日本が先行すれば、21世紀に再び日本が豊かになる」との遺訓を残していたのだ。

ソニーに在籍した人間である筆者は、「ソニーの創業者井深大ってスゴイ人だ！」と感動を新たにした。この感動が本書執筆の原点といえる。

そして今一人、戦後日本を代表する天才経営者がいる。世界のＨＯＮＤＡを創った人物本田宗一郎である。

井深大と本田宗一郎が初めて出会ったのは１９５８年（昭和33）、ソニーがトランジスタラジオの第2弾（ＴＲ－63型）が世界的に大ヒットさせ、会社名も「ソニー」に変更したころであった。既に本田宗一郎も本社を浜松から東京に移した後の頃であった。2年後にはオートバイの生産数で世界一を達成している。

オートバイメーカー本田技研工業株式会社の社長・本田宗一郎が自動車のエンジンの

機械式タイミングで点火する火花を安定させるため、トランジスタを使って制御できないかと、ソニーの本社を訪ねた。井深社長に直接検討依頼を求めた。

エンジン技術に熟知した本田宗一郎からの「トランジスタで制御できないか」と予想もしなかった応用新分野の検討依頼であった。これがきっかけとなって井深に「メカの塊り」であった当時の自動車の制御に半導体技術を応用する未来を発想させた。

本田のアイデアを基に、次世代のソニー新市場開拓分野の究極の未来を関係者に伝える「１９６０年からのソニー創業者のＡＩへの思い」の４分間の動画で示す世界を井深は60数年前に描き切ったのである。

この時のことを本田宗一郎は「井深の兄貴が、俺のヒラメキの話をえらく感心して聞いてくれて嬉しかった」と語っている。これをきっかけに二人は生涯の大親友となり「私の人生は何倍も豊かになった」と井深は語っている。（井深大著『わが友本田宗一郎』より／ごま書房１９９１年刊）

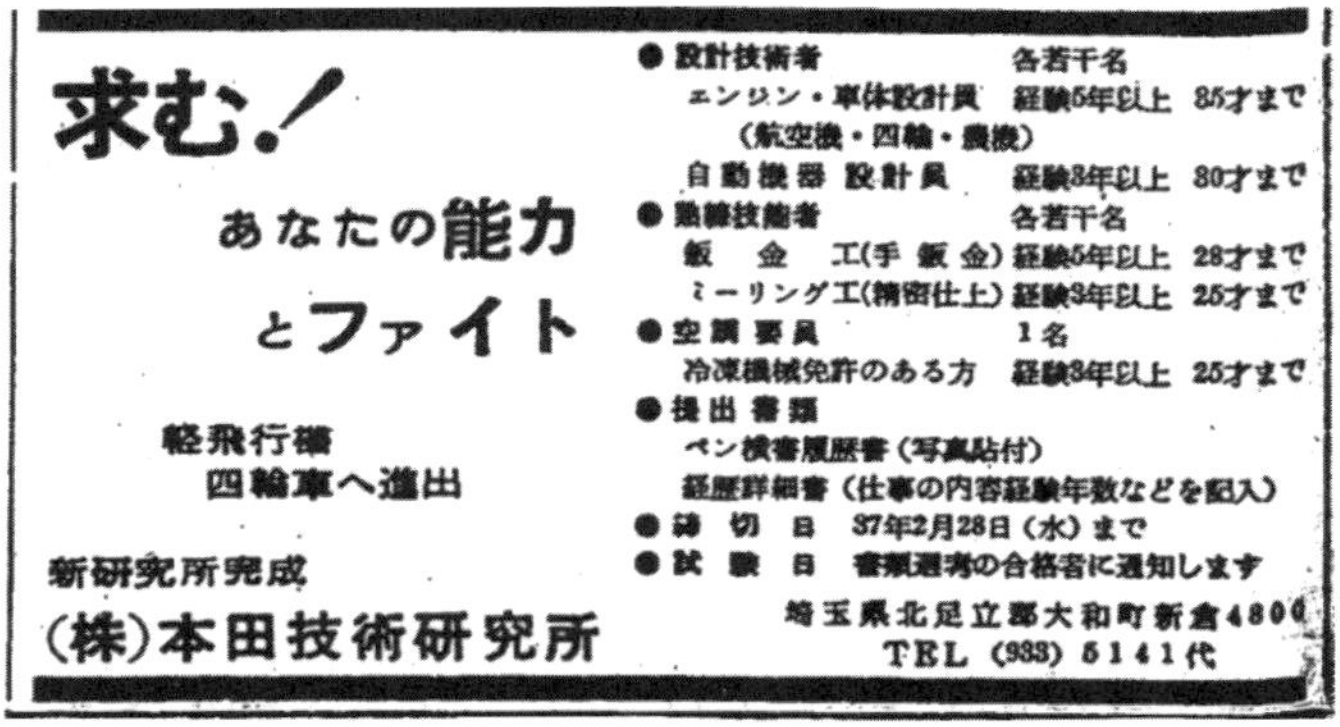
求む！

あなたの能力とファイト

軽飛行機
四輪車へ進出

新研究所完成

(株)本田技術研究所

● 設計技術者　各若干名
エンジン・車体設計員　経験5年以上　35才まで
(航空機・四輪・農機)
自動機器 設計員　経験3年以上　30才まで
● 熟練技能者　各若干名
鈑　金　工(手 鈑 金)　経験5年以上　28才まで
ミーリング工(精密仕上)　経験3年以上　25才まで
● 空調要員　1名
冷凍機械免許のある方　経験3年以上　25才まで
● 提出書類
ペン横書履歴書（写真貼付）
経歴詳細書（仕事の内容経験年数などを記入）
● 締切日　37年2月28日（水）まで
● 試験日　書類選考の合格者に通知します

埼玉県北足立郡大和町新倉4800
TEL (933) 5141代

1962（昭和37）年2月掲載の各紙朝刊の人材募集記事

井深が自動運転車を語った翌年の1961年、本田宗一郎は社内報で4輪車と軽飛行機分野に進出することを表明する。本田は60数年前に21世紀に向けたホンダジェット新分野進出への布石を実行した、これまた「スゴイ人」だった。

1962年2月には、4輪車と軽飛行機分野に進出するため、この2つの職種の設計技術者の人材募集を新聞広告に打った。そうして同年4月、東北大学や東京大学で航空工学を専攻する卒業生らを1年限りで入社させている。

この時期に航空機設計の職種で入社した人物たちが、後に、本田技研工業の第4代と第5代の社長となり、入社時の思いを忘れず、ビジネスジェット機の開発チームを発足させたのであった。

それから53年もの時を経て、２０１５年12月、ホンダジェットが米連邦航空局（ＦＡＡ）の型式証明を得て北米から販売を開始。以後の日本、欧州から、世界に販路を広げ小型ビジネスジェットの世界シェアＮＯ１の地位を維持している。この生みの親こそ、元をただせば本田宗一郎なのだ。

この二人のレジェントの軌跡をたどると、筆者はあらためてこう思う。

「政府の補助金政策に頼ることなく、規制を乗り越え、新たなることに絶えず挑戦し続けた井深大と本田宗一郎。かつての自動車大国の次世代をささえるホンダの航空機分野への希望、かつては半導体技術で先行した電子立国の次なるＡＩ技術を応用した医療機器や自動運転分野への希望」

「戦後80年、40年周期に当たる２０２５年のパラダイムシフトによって、日本が再び世界に貢献する国家となることができる」

これらは、井深大と本田宗一郎からの遺訓である。

チャットGPTなどによれば、井深と同じ近代日本の40年周期説を唱える人物には、企業家・稲盛和夫氏、作家・藤原作弥氏、半藤一利氏、学者・島田晴雄氏、歴史家・加来耕三氏とそうそうたる著名人がいる。

それぞれの40年周期論によれば、1985年に繁栄のピークを達成し、以後転落し続け、2025にどん底となる。そこから全く新しいパラダイムシフトが始まり上昇に転ずる。「貧」と「富」が40年ごとに入れ替わる説も語られている。

事実、1985年日本は一人当たりのGDPでは先進国の中でアメリカに次ぐ2位を占め、全世界GDP総額の12%をも占める世界2位の経済大国であった。

その後、一人当たりGDPの国別ランキングは「アベノミクス・異次元金融緩和が始まる前の2012年には、日本は先進国の中で第13位だった。いまは（2022年）

第27位だから、この10年間で大きく順位を落としたことになる」と野口悠紀雄はその著書『プア・ジャパン気がつけば貧困大国』（２０２３年朝日新聞出版刊）で語っている。

井深自身も、近代日本を襲った「40年周期のパラダイムシフト」について次のように語っている。

「近代日本は１８６５年朝廷が幕府の開国に勅許を与え国論が開国へ一致した年に始まり、１９０５年日露戦争勝利によって一流国への仲間入りを達成、しかし１９４５年敗戦。日本の主要都市が焼け野原となって極貧国となるも民主主義国家として再出発した年。１９８５年経済、技術とも世界一の競争力を持つ豊かな国を達成。そして「失われた数十年」を経て現在に至っている。

歴史的にみると、国が豊かになるか貧困が継続するかは、時のリーダーに人徳と民主主義擁護の信念が備わっているかによって決まるという。人徳とは国家における国民、会社や組織における社員など、この人ならば一緒に頑張ってついて行けるという、品性が備わっている人をいう。

２０２５年以降、ＡＩ技術を応用したチャットGPTや医療ロボットやドローン、新兵器への応用など、ありとあらゆる応用分野にＡＩ技術のパラダイムシフトが今後40年続くであろうと各国で認識されている。

２０２５年には、ソニーとホンダの合弁会社であるソニーホンダモビリテイからＡＩ技術搭載の電気自動車「アフィーラ」が登場し、各種ＡＩ技術応用分野の新たなパラダイムシフトがなされる40年間を迎えようとしている。日本の命運は、この分野で先端を走れるチャンスをものにできるかにかかっている。

２０２３年10月

豊島 文雄

◆目次◆

第2章 井深にAI技術を発想させた宗一郎は航空機を布石したスゴイ人だった

第3章 近代日本の1965年から2025年までの40年周期のパラダイムシフト

第5章 敗戦というパラダイムシフトに際して、井深、宗一郎の日本再建という『公』の使命感

第6章 井深は米国で2つの〝北極星〟を見つける
―ポケッタブルラジオとステレオ音響

第7章　生涯を通して実践した社会貢献

第8章　エピローグ

第1章

21世紀のAI技術パラダイムシフトを遺訓したスゴイ人・井深大

本誌のタイトルは「ソニーＡＩ技術井深大とホンダジェット本田宗一郎の遺訓」です。井深にソニーＡＩ技術の遺訓を発想させたのはトランジスタを使ってエンジンの点火のタイミングを制御できないかと、宗一郎が直接ソニー本社を訪れ井深に検討依頼をしたことがきっかけだった。以後２人は人も羨むような大親友となった。井深は１９５６年、世界に先駆けてトランジスタの量産に成功し、日米でポケッタブルラジオを販売開始、とくにアメリカでは爆発的に売れ、急遽日本から空輸したほど評判をよんだ。58年に社名をソニーに改めた。

その後の日本が半導体技術応用製品であるウオークマンに代表される小型テープレコーダ、ステレオ、ラジカセ、ビデオ、テレビ、ＣＤプレヤー、ビデオカメラ、デジタルカメラ、携帯電話、テレビゲーム機を次々に世界に供給したことにより20世紀後半の日本に電子立国をもたらした立役者として世界的に知られている。

そのソニー創業者の井深大が、21世紀の日本の稼ぎ頭になるであろう新たなＡＩ技術の自動運転自動車のような応用分野について１９６０年に遺訓として伝えていたことに誰もが驚かされている。

井深大の遺訓を肉声で聞きたい人は「１９６０年井深大のＡＩ遺訓」をユーチューブで検索すると肉声が聞ける。２０２０年初めにソニーＡＩグループが投稿したタイトル「１９６０年からのソニー創業者のＡＩへの思い（日本語字幕）」４分弱の動画である。

現在では、これと隣接する２０２３年4月文春オンラインの「発掘！　ソニー井深大『幻の講義』音声30分」をクリックすると井深の肉声が聞けるが、初めの部分のみ無料で、30分全部聞きたければ有料配信。

この肉声を聞いた21世紀のＡＩ技術の応用分野を研究している技術者や医学者等の人々に衝撃を与え「ソニー創業者の井深大という人は、20世紀後半に活躍したばかりでなく、21世紀のＡＩ技術の応用分野の広がりまでをも、見通していたすごい人だ」と驚きの声を上げている。

1 週刊文春スクープ「発掘！ ソニー井深大『幻の講義』」

2023年4月13日号のスクープ記事タイトル「ソニーAI、自動運転を予言した62年前の音声発掘」によれば、この井深の肉声の文字起こしを読んだ日本のAI研究の第1人者である東京大学大学院・松尾豊教授はこう語っている。

「すごいの一言ですね。まさに未来を正確に読んでいる。

今の人工知能の状況が、ほとんどそのまま当てはまる気がします。すごい、すごいと聞いたことはありましたが、こんなすごい方だったんだという衝撃をうけました」

また千葉大学医学研究院付属治療学人工知能（AI）研究センター長の川上英良教授は次のようにコメントしている。

井深さんは今の人工知能に近い形を極めて精緻に言い当てているのが凄まじいなと思います、医師の診断について『統計的』というのも的を得ている。

医者は百パーセントこれが起ると思って診断をしているわけではなく、これが一番起こりやすいし、その治療をすることが最もこの患者さんにとっていいだろうという考え方でやっています。今のＡＩも過去の大量のデータから統計的に判断しているので、まさに井深さんの言っているとおりです。

コミュニケーションは人間にしかできないと言われていましたが、最近話題のChatGPTは案外人間よりうまく意思疎通ができます。ＡＩが過去のデータだけで名医になることが可能なのかはまだわかりません。ただ名医は患者さんを目で見た時の情報や、今までの人生経験など、教科書に書かれていないことを利用することができる。

週刊文春の記事の最後には、１９９７年12月19日に89歳で亡くなった井深氏を追悼したノーベル物理学賞の江崎玲於奈氏の弔辞を紹介している。

「多くの人たちは過去を訪ねてそこに今後の指針を求めようとします。温故知新、いわば将来は現在の延長線上にあるとみるのです。ところが井深さん、あなたは将来を訪ねてそこに指針を見出そうと努力されました。井深さんあなたはまれにみる鋭い直感でこのチャレンジに応じられました。そこにはリスクがあり創造的失策はつきものです。しかしあなたはそれを乗り越える勇気と英知を備えておられたことに深く敬意を表したいと思います」

この井深の「将来を訪ねて指針を見出す」という経営手法は、拙著「井深大の箴言」第2条「究極の未来（北極星）に視点を置いて今を見る」に詳しく記載している。

2 2020年5月「1960年からのソニー創業者のAIへの思い」を公開

母校国際基督教大学に招かれ講演した北野宏明氏（当時ソニーAIグループの担当役

員兼ソニーコンピュータサイエンス研究所長）は、母校に保管されていた１９６０年の井深講演録音テープを紹介された。これを聞いて、ソニーの創業者が21世紀のソニーＡＩの活動を見通していた事実を知って驚いたという。

ソニーＡＩ関係者が、30分の講演の内、具体的にＡＩを語っている約４分部分に、動画の背景としてソニーＥＶコンセプトカーVision-Sが欧米の道路を快走する姿などの動画を付け、２０２０年5月ごろにユーチューブに投稿し公開。

ソニーグループポータルサイトブログ「未来に向けて」では、この動画の解説として次のことが記載されている。

「半世紀以上前に行われたこの講演で、井深はＡＩが日常生活に浸透していく未来を見据えており、将来的に自動運転や医療に活用される可能性について言及していました。こうしたファウンダーのスピリットを継承しているソニーグループが、世界で初めてＡＩ処理機能を搭載したイメージセンサーの開発や、今後のメガトレンドと捉えているモビリティ、その進化への貢献を目指す取り組み「VISION-S」などを行っていることも、ある種の必然とも言えるのかもしれません。

また、昨年4月に設立したソニーAIは、「人類の想像力とクリエイティビティを解き放つAIの創出」をミッションに掲げ、グループ内のさまざまな知見も活かしながらAIの研究開発と事業探索に取り組んでいます」

井深の語った21世紀のパラダイムシフトの予見は動画には次のような字幕が付いている。

コンピュータという言葉は、非常に誤解を招くんです。掛け算をやるとか、足し算をやるとか、これはもっと広い意味での「Artificial Brain」（人工知能）といった意味のコンピュータを考えなければいけない。

コンピュータというものの「細胞」というか、一つ一つの「エレメント」というものが動かない形に変わりつつある。そういった「細胞」全部がセミコンダクターで置きかえられるようになる。

そこに、エレクトロニクスの進み方に大きな期待がされている。それが世の中にもてはやされていることになる。

この「Artificial Brain」といったものがどういう働きをするのか？

例えば交通というものが非常に激しくなってまいりますと人間が判断してステアリングを切ったり、ブレーキを踏んでたりが間に合わなくなってくる時代が早晩やってくるんじゃないか。

あとはステアリングがオートマチックにエレクトロニクスでやられるし、前の車との間は、距離の短いレーダーのようなもので距離を測って自動的に速度の調整をやっていくといったように、人間の判断を使わずにこの車っていうものを動かしていくことが考えられる。

さらに、井深が晩年も情熱を持ち続けた医療についてもこう語っている。

電子計算機のようなものが、電子の医療センターっていうようなところに使われる日もそう遠くじゃないんじゃないか。

その他、ものを経営していくとか、教育をしていくとかいうようなことも、いいデータばかりを蓄積してそのデータの中から正しいものを選び出して、次の推理を下していくというようなことは、電子頭脳は非常に得意のところじゃないか。

人間の頭脳の働き、人間の大脳の働きなんてものは、全然まだ生理学者、医学者にはわかっていないので、これとエレクトロニクスを結びつけるなんてことは到底夢にもできないのが、現状なんです。

エレクトロニクスってものは、好むとか、好まないかにかかわらずあらゆる社会に、どんどんこれからは入ってきて、相当人間の代わりの仕事もやっていくんじゃないかということを考えています。

3 ソニーホンダモビリティから、2025年AI搭載自動運転車を販売開始

ソニーは、創業者井深の遺訓にもあったように「メカの塊り」であった自動車の各制御や娯楽機器にＡＩ制御のエレクトロニクス化が21世紀のビジネスチャンスにつながると見込んだ。

２０２０年１月のアメリカＣＥＳ（家電見本市）でセダンのVision-Sのコンセプトカーをソニーは発表した。開発責任者は川西泉氏。ソニーグループＡＩロボックスビジネス執行担当役員）。２０１８年に復活したアイボ（犬型ロボット）の開発責任者でもあった。

２０２２年１月には、同ＣＥＳ（家電見本市）ではＳＵＶのVision-S02を発表し、具体的にソニーの持つイメージング・センシング技術、オーディオ・映像エンターテイメント機器、車載ソフトウエアなどの分野で自動車の進化に貢献していくと発表した。

さらには、２０２２年３月４日突如ソニーとホンダ両社が合弁会社を発足させ、ソニーホンダモビリティとして２０２５年の次世代自動運転ＥＶ車の製造と販売の協業をすることが突如発表された。このニュースは、退潮著しい日本企業にあって久方ぶりの明るい話題としてマスコミに大きく取り上げられた。

おりしもロシアのウクライナ侵攻で世界に暗雲をもたらした2週間後の日であった。

記者会見で、ホンダの三部社長はソニーにEV車の協業を持ちかけたのはホンダ側からであったと明らかにし、「両社の歴史的文化的シンクロに基づいたものだ」と語って、大きな反響を呼んだ。

ホンダは既に2021年3月新型レジェンド、センシングエリート車に日本のメーカーでは初めてのレベル3高速道路で自動運転可能な車を発売している実績がある。


著者は、このホンダ三部社長の「両社の歴史的文化的シンクロ」との発言は、井深大著『わが友本田宗一郎』（1991年ごま書房刊）、の18頁「早くから半導体に目を付けた本田さんの炯眼」に記載されているように、ソニーとホンダの両創業者の親交エピソードに基づいたものだとすぐに得心した。

一方、ソニーの吉田社長はホンダからの協業の申出を受けた理由は、ホンダの「走る・飛ぶ」の技術力に魅力を感じたからだと述べている。
吉田社長の言う「飛ぶ」技術力とは、ホンダが２０１５年に小型ジェット機の世界市場にホンダジェットで参入し、それまで首位であったセスナのサイテーション機を抜いて、ホンダジェット機が小型ビジネスジェット機の世界市場で首位の座を占め続けている実績に魅力を感じたのだということだ。

２０２２年9月28日ソニーとホンダが、それぞれ出資比率50％の株式会社ソニーホンダモビリティ（会長・水野泰秀、社長・川西泉）を設立した。

会長・水野泰秀（ホンダ執行役員専務）
１９８６年に本田技研工業に入社し、２０１０年より東風本田汽車有限公司総経理として中国に赴任。10年間中国にのホンダの市場拡大に尽力し帰国。２０２０年5月ホンダの四輪車事業本部長となり四輪車事業の執行役員常務。

社長・川西泉（ソニー執行役員常務）
１９８６年ソニー入社。プレイステーションビジネスのソニーコンピュータエンターテイメントに出向。２００８年「東日本鉄道のスイカ」や「私鉄のパスモ」などの非接触ＩＣカードの開発を行うフェリカ企画開発部門長。２０１８年ＡＩロボッティクスビジネス執行担当役員として12年年間製造販売を中止していた犬型ロボット『アイボ』を最新の技術で復活させた。

同年10月14日の報道記事によると、生産は２０２５年から北米ホンダ工場で行い、販売はオンラインを想定。予約された顧客への引き渡しは順次行うという。
レベル３の自動運転機能や、車載の各種ソフトウエアのオンラインでの更新や新規ダウンロードによるリカーリングビジネスも想定するという。

第2章

井深にＡＩ技術を発想させた宗一郎は航空機を布石したスゴイ人だった

1 自動車の制御にAI技術が使えると井深に気付かせた宗一郎

きっかけは、1958年本田宗一郎が自動車のエンジンの機械式タイミングで点火する火花を、トランジスタを使って制御できないかとソニーの本社を訪ね井深社長に検討依頼したことだった。

この時のことを宗一郎は「井深の兄貴が、俺のヒラメキの話をエラく感心して聞いてくれて嬉しかった」と語っている。

井深も「エンジンの点火制御をトランジスタを使えば効率よく行えるのでは」との宗一郎のヒラメキに感心した。当時世界中の誰もが気付いていない自動車の各所の制御に半導体を応用するという発想に、ソニーの次世代の新市場開拓の可能性を井深は見出したのだった。

直ちにエンジンの点火制御にトランジスタを使う検討チームを発足させ取り組んだ。その後１９６１年に設立した中央研究所にも電気自動車研究チームを発足させている。井深が中央研究所の構内で試作車を運転している写真も残されている。だが宗一郎に研究成果の提案はしたものの、実用化してもらえなかったという。

旧中島飛行機の工場の跡地が東京都下の三鷹にあった。その一角に国際基督教大学を誘致させるのに尽力した井深の早稲田大学時代の恩師山本教授から、発足して7年目に大学教育設備を支援してくれとの依頼があった。

これに応じた井深が、１９６０年2月国際基督教大学（ＩＣＵ）三鷹キャンパスで当時13Ｋｇもあったソニーのテープレコーダを、大学の設備として寄付する贈呈式がなされた。

この時、国際基督教大学の職員や学生を前にして、「未来の自動車の各所には半導体に秘められたアーティフィシャル・ブレイン（人工頭脳）が用いられる」との井深の記念講演が行われた。これを録音したテープが国際キリスト教大学に保管されてあった。

宗一郎の「エンジンの点火タイミングをメカ式からトランジスタ制御に置き換えられないか」との要請は、まさに将来、ソニーと井深にとっての「北極星」、究極の未来市場である自動車の多岐にわたる制御部分のエレクトロニクス化を構想させたのである。

これが縁となって、戦後の偉大な発明家である井深と宗一郎はお互い心を許しあえる親友、文字通り肝胆相照らす仲となった。後に、ソニーが白黒のポータブル型テレビを発売した時にも、電気の来ていないキャンプ場でも使えるようホンダの発電機を電源としてOEMしてもらい協力し合った。

身障者雇用促進法に基づく障碍者を雇う特例子会社をソニーやホンダの子会社とそれぞれが発足させたりした。現役を退いた後もボーイスカウトや、社会貢献活動にも協力し合い宗一郎が先立つまで続けられた。

二人は生涯の大親友となり「私の人生は何倍も豊かになった」と井深は語っている。

前述したが、井深は亡くなった本田宗一郎への想いを追悼し『わが友・本田宗一郎』（ごま書房１９９１年12月刊）を出版している。

2　１９６２年の宗一郎の航空機ビジネスのへの布石が21世紀のホンダジェットのルーツ

60年前に、ソニー創業者の井深大は、当時、テープレコーダや、トランジスタラジオなどを世界に輸出していたソニーの、将来の「飯のタネ」に人工知能ＥＶ車がなると新分野参入を講演などで表明していた。

同じころ井深大の生涯の友であった宗一郎は小型航空機の時代を予見し、実際に、

1960年の社内報で「来年から新たに4輪車と航空機の分野に参入する」との決意を表明した。
そして当時の本田技術研究所が、1962（昭和37）年2月に一般紙の新聞広告で航空機技術者と4輪技術者の4月入社の求人広告を出したのである。

この時期、宗一郎は航空機開発では、機体より開発に時間のかかる搭載エンジン開発を先行させていた。既に、2800ccの航空機搭載エンジンの試作を本田技術研究所で開始。後に四輪車優先開発が決まると、F1レースのホンダレーシングカーのエンジンに転用されたのだった。

「自分にも飛行機の設計ができる！」とこれに応募して同年4月に入社したのが東北大学大学院精密工学科航空工学専攻の後に本田技研工業4代目社長となる川本信彦であった。さらに、3歳年下の東京大学工学部航空工学科新卒、後に5代目社長となる吉野浩行など、優秀な技術者が多数応募してきて入社したのであった。

１９６２年に実施された航空機設計志望求人が一年限りとなったのは、じつは当時の通産省が、外車の輸入自由化をアメリカ側が要求してきたため、既存の自動車メーカーの競争力をつけるために新規に自動車業界への参入を禁止する特振法を閣議決定したためであった。

この法律が国会で議決されると、オートバイメーカーの本田は４輪車参入ができなくなるという危機に見舞われた。

宗一郎は、全社を挙げて国会で特振法が議決される前に、４輪車３車種の販売実績をあげるため、航空機機設計入社組も４輪車エンジン開発に投入したのだ。

皮肉にも航空機設計職で入社した人材は、その後、当時不可能とされていた低公害CVCCエンジンの設計開発責任者などを務め功績をあげ、本田技研工業社長や副社長になっていった。

１９６２年、航空機設計志望の入社組の一人である４代目社長の川本信彦が、創業者宗一郎の意思を受け継いで、本田技術研究所の片隅で小型ジェットエンジンや小型ジェット機の開発プロジェクトを発足させた。

発足させた理由は、今後、四輪車に注力し続けても、全く新しい先端技術への挑戦をしなければ、本来のホンダらしさらが失われると判断したからだったという。

1986年に開発プロジェクト発足当時、入社2年目の1984年東大工学部航空学科を卒業した藤野道格（後のアメリカに拠点を置くホンダエアクラフトカンパニー社長）にプロジェクトメンバーとして白羽の矢が立った。

川本社長は、ホンダが航空機をゼロから学んでやるには、小型ビジネスジェット機が日常的に使われて、市場が大きく、航空機エンジンや機能部品の関連産業の裾野があるアメリカの環境下にプロジェクトを置くしかないと考えた。

アメリカだったら、ロッキード社やグラマン社でジェット戦闘機等の機体設計やエンジン開発などをやった現役を引退した高齢の技術者も多くいて、パート雇用契約で、藤野などの若手メンバーに家庭教師的に、個人的指導をしてもらえると踏んだのであった。

川本社長は初代プロジェクトリーダーで30歳の井上和雄をアメリカに派遣して拠点を探させた。井上はかつて研究所で最先端のガスタービンエンジン開発研究で実績をあげた経歴があった。


１９８６年、藤野などの開発プロジェクメンバーは、配属されて１年もたたないうちにミシシッピ州のラスペット飛行研究所内の研究室を拠点とした。

ホンダの伝統は、新人にＦ１レーシングカー等を１から手作で作らせ自動車の細部を肌で体験させる伝統を持っている。開発メンバーの最初の１年は主翼と尾翼を炭素繊維複合プラスチックの材料を使って手作りで製作する実習であった。

藤野たちは毎日研究所に通い、作業工員と同じように現場服の上に前掛けをして材料を切って、表面を研磨して、部品を一つ一つ作っては組み上げていく。

その後、中古の飛行機を改造して実験機作って飛行試験をやりデータを収集。２機目は特異な前進翼をもつ小型ジェット実験機を試作し飛行実験してデータを取得。ラスペット飛行研究所での10年間が終わった1996年8月、アメリカでの研究室を閉鎖し、ホンダ技術研究所に帰国した。

帰国後、プロジェクトリーダーは初代井上和雄から若い藤野道格が引き継いだ。

リーダーとなった藤野は、次の実験機の機体の構造を模索していた。ある日、両翼の翼の上にエンジンを搭載するデザインが頭に浮かび、忘れないように、手近にあった紙を使って手書きした。これが43頁の図である。

1998年、第5代の社長に着任したばかりの吉野浩行による最初の経営会議があった。議題の一つには、金食い虫で中止させるべきと役員らから批判されていた藤野たち航空機開発研究プロジェクトチームの次の実験機構想についてであった。その内容によっては開発中止決定もあり得る経営会議であった。

藤野は、両翼の上にエンジンを載せ、着陸時の両脚も短く軽量化も期待できる実験機構想をプレゼンテーションした。新任社長吉野は、藤野がすすめる既存小型ジェット機との差別化が、一目瞭然で性能も格段と向上できるとして開発研究継続がきまった。

実は５代目吉野新社長も、１９６２年４月入社の飛行機設計職志望の東京大学航空工学科新卒入社組で藤野の大学の先輩でもあった。

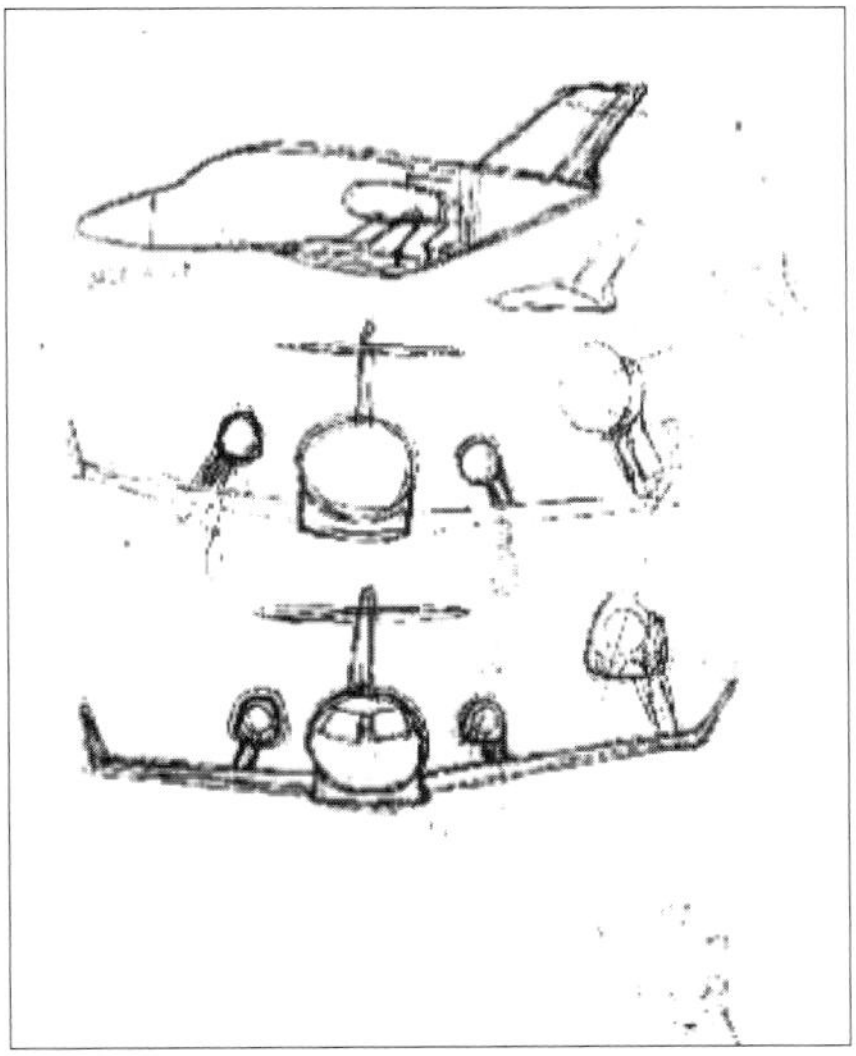

カレンダーの裏紙にメモった実験機のデザイン　Hondajet/about us

２００６年３月、６代目社長の福井威夫は、開発研究を解除しホンダジェットの事業化を決定。同年８月にアメリカに拠点を置くホンダエアクラフト（株）設立を決定、45歳の藤野道格が社長兼ＣＥＯに任命された。

同年10月世界最大のアメリカＮＢＡショウで、両翼の上にエンジンを搭載し、一目で既存機との違いが判る機体デザインと、既存機を圧倒する燃費、航続距離、上昇性能、静音かつ広い室内を持つ試作機の受注を開始した。その後100機を超える注文があり小型ジェット事業は大成功だった。

2007年ノースカロライナ州ピードモント・トライアド国際空港内に、新本社（2008年に完成）と生産工場（2011年に稼働）設立を決定した。

2015年12月8日、米連邦航空局（FAA）から、現地法人ホンダエアクラフトカンパニー社長となっていた藤野のもとに待望の「型式証明」が届きホンダジェットの発売が許可された。

NABショウで受注した顧客に実機が引き渡され始めた。当時の売値は標準装備で365万ドル（4億4000万円）であった。

2017年、ホンダのジェット機は、それまで小型ビジネスジェット機で世界市場首

位を占めていたセスナのサイテーション機にとって代わって、世界市場で首位となり、その後も維持している。２０２１年にはラインアップを増やす定員11名の「ホンダジェット２６００」を発表した。

「役職定年となったトップは一切の職を後進に譲る」

創業以来のホンダの慣例により、藤野道格は２０２２年の株主総会で、ホンダエアクラフト社の社長兼ＣＥＯとホンダの常務役員を退任することとなった。以後はアメリカのホンダエアクラフト（株）の顧問に就任することが発表された。

藤野が語る格言のうち、筆者による「井深大の箴言（しんげん）」にもつながるものは以下である。

①誰にでも運命的なチャンスが訪れるときがある。躊躇せず、これを受け入れることを繰返していけば、知識が広がり、成功につながる。

②縁の下の仕事を評価できる経験を積む

アメリカでの最初の一年間はラスペット飛行研究所のなかの工場で、工員として現場での航空機部品をつくる下積みの経験は、最大のメリットであった。現場作業にも精通しなければ、安全第一の航空機の品質保証はできない。アメリカの著名な航空機開発のプロジェクトリーダーは、航空機の隅々までの部品の知識を身に着けている。

③リーダーは安全な飛行機を生産するという点で責任がある。

日本では工員が仕様書と異なる部品を取り付けても、現場責任者任せでリーダ－は関与しない。アメリカではリーダーの許可を求めずやった場合は首にできる人事権をリーダーは持っている。安全な飛行機であるはずが、数年後の品質保証に致命的な影響を与える工員のモラルに関与する源流管理を徹底している。

改めて、筆者がまとめた「井深の箴言」にある〈第5条〉「縁の下の仕事をも評価する経営姿勢」が、今の日本のリーダーに欠けていることが明らかであり、日本から先端技術が失われる時代に暗転した原因でもあると痛感する。

経産省主導の鳴り物入りの日の丸ジェット機、三菱スペースジェットはホンダジェットと同時期に実験機の開発をスタートさせた。政府系ファンドから５００億円の支援を受けたものの、プロジェクトリーダーが３回も交代したすえ、ＡＮＡへの初号機納入も実現されずプロジェクト自体が廃止に至っている。

第3章

近代日本の1965年から2025年までの40年周期のパラダイムシフト

1

近代日本を襲った40年周期のパラダイムシフト

井深は近代日本を襲った40年周期のパラダイムシフトについて次のように語っている。

「近代日本は１８６５年の朝廷が幕府の開国に勅許を与え国論が開国へ一致した年に始まり、１９０５年日露戦争勝利によって一流国への仲間入りを達成、１９４５年太平洋戦争敗戦。日本の主要都市が焼け野原となって極貧国となるも民主主義国家として再出発した年。１９８５年経済、技術とも世界一の競争力を持つ豊かな国を達成。

21世紀の中で、40年周期が始まる２０２５年のパラダイムシフトは、その時のリーダーによって、その後の40年間、わが国の経済が焼け野原になるか、逆に国民が豊かな生活を送ることができる繁栄を手にする40年となるかが決まる」

歴史的にみると国が豊かになるか貧困が継続するかは、時のリーダーに人徳と民主主義擁護の信念が備わっているかによって決まるという。人徳とは国民や社員などの従う人々が、この人ならば一緒に頑張っていていきたいと感化する品性が備わっている人をいう。

国のリーダーによって日本国民が悲惨な目にあった例は、１９４１（昭和16）年10月に開戦派の東条英機陸軍大臣が国のリーダーである首相に就任し、わずか2カ月後の12月に真珠湾奇襲攻撃を決断して、太平洋戦争を始めたのである。

この戦争で数百万の国民の命が失われ、１９４５年（昭和20）8月15日の終戦の時には焼け野原になった土地に国民が立ち尽くすという悲惨な目にあったのだ。

２０２３年の現在を見てみよう。国のリーダー、首相が、国会を通さず閣議決定だけで、国民の意思に反することも遂行できるということは、国政選挙を経ないで首相となった岸田首相によって証明されている。

北朝鮮のミサイル基地に対して敵基地反撃攻撃を岸田首相が決断するだけで、北朝鮮基地からの再反撃ミサイルによって、狙い撃ちされた日本海側の原子力発電所の周辺が放射能に汚染されて多くの住民の命が失われることに直結する。

「2025年のパラダイムシフトは、その時のリーダーによって、その後の40年間、経済的焼け野原になるか、国民が豊かな生活をおくる繁栄を手にするかは決まる」という井深の言葉が現実的となっている。

チャットGPTマイクロソフト版によれば、井深と同じ近代日本の40年周期説を唱える人は、「はじめに」でも述べたが、企業家・稲盛和夫氏など多くの著名人がいる。それぞれの40年周期説を検索すると、1985年に繁栄のピークを達成し、以後転落し続け2025にどん底となる。そこから全く新しいパラダイムシフトが始まり上昇に転ずるなどや、「貧」と「富」が40年ごとに入れ替わる説も語られている。

2 政府指導の日米半導体協定が日本の先端技術を失なう40年を招いた

戦後40年の後半期にあたる１９７９年、アメリカの社会学者エズラ・ボーゲルの著書『ジャパンアズナンバーワン・アメリカへの教訓』が日本でも70万部のベストセラーとなった。

日本は名実ともに、ＧＮＰでアメリカに次ぐ世界2位の経済国となり、半導体のハイテク技術では世界ＮＯ１の国となった。世界的に見ても大成功を収めた国とみられるようになった。

１９８３年、東京大学助手であった坂村健は、あらゆる家電や自動車、産業機器にコンピュータが組込まれ、ネットワークでつながり制御することができ、無償で使え、自由に変更できるトロンOSを提唱した。
1984年には、無償公開を前提とするトロン国産コンピュータOSが、提唱者の坂村健（当時東京大学助手、その後教授）を中心とする国内電機メーカーとの産学共同のトロンプロジェクトが発足した。
世界に、国産OSによる大型コンピューターやサーバーを輸出する機運が盛り上がった。
具体的には、i―トロン：家電やロボットなどのあらゆる機器に組み込まれるOS、（その後μ―トロンに名称変更され小規模組込みシステム向けOSとなる）
B―トロン：ビジネス、事務処理向けOS
C―トロン：サーバー用OS
M―トロン：メインフレーム用のネットワーク全体を調整するOS
トロンチップ：トロンを構成する半導体ハードウエア

トロン電子機器HMI研究会：坂村健をリーダーとして参加企業が共同して4つの分

科会を設けヒューマンマシンインタフェース（ＨＭＩ）開発を開始。

日本国内でも学校用の教育用パソコンにトロンＯＳが採用されることとなった。

また１９８４年、初の放送衛星「ゆり2号ａ」が打ち上げられ「ＮＨＫ衛星第1テレビジョン」の試験放送が同年から行われ、アナログのミューズ方式ハイビジョンを、衛星放送の世界規格として中南米等に採用を呼びかけ、いずれもハイテク技術で世界の先端を切っていた。


この日本が大成功をおさめ、ハイテク技術においても世界の先端を走るようになったことが、軍事大国のアメリカのトラの尾を踏む結果となった。

コンピュータの心臓部の国産トロンチップや国産ミューズ方式ハイビジョン衛星放送技術が政治的圧力によってつぶされのだ。その結果、１９８５年以降の次の40年は、先端技術が日本から失われ、転落する結末を迎えたのである。

これは、トロンOSや、衛星放送のミューズ方式ハイビジョン等の日本の先端技術が、世界的なディファクトスタンダードとなる可能性を秘めていることを知ったアメリカの産業界が、アメリカ政府に働きかけたのだ。

アメリカの不公正貿易慣行国への制裁条項法「スーパー301条」を発動させ、純日本製の先端技術を搭載したコンピューターやパソコン、衛星放送のミューズ方式ハイビジョンテレビ等の日本製品のアメリカへ輸出禁止としたのであった。

これを受け入れた日本政府は、1986年の日米半導体協定により、アメリカ部品やOSなど日本製品に20%を占めるよう義務を日本企業に課し、「スーパー301条」の撤回を求めた。

この結果、日本製品にはマイクロソフトやインテルやIBMOSやアメリカ製デジタル放送技術が搭載され、巨額の上納金ともいうべき使用料を支払う義務が日本企業に負わせられた。

これにより、日本製品は、韓国、台湾、中国製品にも対抗できなくなり、パソコンや家電製品のブランドはこれらの新興国に売られてしまう結末を迎えた。

日本政府指導の日米半導体協定によって、純日本の先端技術を搭載した製品の輸出ができなくなり、これ以後日本は先端技術において「失われた40年」を迎えることとなった。日本の先端技術が失われて40年が経過する最後の年となる２０２５年は、技術力、経済力ともに競争力が先進国内において最下位のどん底を迎えることとなる。

１９８５年、日本は一人当たりのＧＤＰは先進国の中でアメリカの次ぐ2位を占め、全世界ＧＤＰ総額の12％を占める世界2位の経済大国であった。

しかしながら、一人当たりＧＤＰの国別ランキングは、野口悠紀雄氏によれば、「アベノミックス・異次元金融緩和が始まる前の２０１２年には、日本は先進国の中で第13位だった。いま（２０２２年）は第27位だから、この10年間で大きく順位を落としたことになる」のだ。

１９９０年のバブルの崩壊を機に、日本経済は失われた30年と言われ、２０２３年の現在では先進国では最低の競争力と評価され平均賃金においても、隣国韓国以下の貧しい国となった。

この30年間、国のリーダーらが毎年、税収を上回る国家予算を組んで、予算の半分を国債で賄い、経済対策と称して必ず天下り団体にキックバックが入る仕組みの大規模な補助金政策を継続して続けても、一向に経済は上向かず、国の借金だけは加速度に増え続けている。

3 2025年のパラダイムシフトへの希望

ソニーとホンダ、通信やメディアのフォーマット競争や低公害エンジンの開発競争に勝ち抜いた経験を持つ世界的に著名なこの両社の提携は、新時代のＥＶ車の仕様をリードする可能性も秘めて、各国の自動車メーカーもその動向に注目している。

２０２５年の製造・発売に先立って、公開されるこのＥＶ車の仕様に世界メーカーが同調することも期待される。

ソニーとホンダの合弁会社であるソニーホンダモビリテイからＡＩ技術を搭載した、自動運転レベル３の電気自動車「アフィーラ」が北米から発売され、順次日本、欧州で発売される予定だ。


２０２５年以降、ＡＩ技術を応用したチャットＧＰＴや医療ロボットやドローン、新兵器への応用など、ありとあらゆる分野においてＡＩ技術のパラダイムシフトが今後40年続くであろうと各国で認識されている。

まさに、各種ＡＩ技術応用分野の新たなパラダイムシフトがなされる40年間を迎えようとしている。日本の命運は、この分野で先端を走れるチャンスをものにできるかにかかっているのだ。

4 井深83歳、ソニー幹部に語ったパラダイムシフト論

1992年1月、新年早々ソニーの全世界拠点幹部が集まって、新開発のデジタルMD（ミニディスク）を年末から全世界に事業展開を開始するという「ニューパラダイムシフト」をテーマとするマネジメント会同がなされた。

83歳の井深大名誉会長は、8年後にせまる21世紀、ソニーの新技術によるパラダイムシフトはどうなのか、創業者として聞き逃せないので是非とも参加させて欲しいと、当時の出井伸之専務に申し入れた。

車いすに乗ったまま会同会場の最前列で会議を聞いていた井深は、終了時に発言を求め次のように語った。

「今日は、『ニューパラダイム』という言葉に惹かれて出てきました。今日の皆さんの話（アナログのカセットテープからデジタルＣＤ、そしてデジタルＭＤ（ミニディスク）にパラダイムシフトする話）を聞いて、今日のスピーカー氏には大変失礼な言い方になるが、これではパラダイムシフトの話ではなく、技術革新に入るか入らないくらいの道具立てに過ぎない。これをもってニューパラダイムというのは非常におこがましいと私は考える。

皆さん方が、今日から明日のことを一生懸命やって解決しようとの努力は立派なものがあり、効果を奏していることもよくわかる。

しかし、少なくとも8年後にせまった21世紀に対する備えとして、真のニューパラダイムの一大ディスカッションをして、21世紀のソニーのパラダイムシフトをしてもらいたいというのが私の皆さんへの遺言です」

真理というものは永久ではない。ある場所ある時に限って有効なのである。

コペルニクスが、真理とされた天動説は誤りとし地動説を言い出し異端とされながらも、今では世界中で真理と信じられている。

ソニーが真空管全盛期に半導体を使い出して世界中に広まり、ソニー製品は高くても買うというパラダイムを作り出したのは、確かなパラダイムシフトだった。

20世紀後半において、皆さん方の努力で世界中にまき散らした一つのパラダイムシフト（半導体技術の先駆け応用新製品トランジスタラジオ、テープレコーダ、ステレオ、ラジカセ、ビデオ、テレビ、ＣＤプレヤー、ビデオカメラ、デジタルカメラ、携帯電話、テレビゲーム機等を社会に提供し続けた）がソニーによってなされた。


「モノと心は表裏一体であり、これを考慮にいえることが、近代の科学のパラダイムシフトを打ち破る、一番大きいキーだと思う。

ハードウエアにソフトウエアが入ると人間の心を満足させるもの（井深が１９６０年に述べた人工知能ＡＩなどが応用される新市場分野）が出てくる。人間の心を満足させることを考えていかないと、21世紀世界に通用しないということを覚えていただきたい」

井深はこの談話の６年後、１９９７年に89歳でこの世を去った。

井深は、１９６０年に語っていたように、21世紀はエレクトロニクス製品に限ることなく、自動車産業や医療分野など社会生活のあらゆる分野に人工知能が応用されていくパラダイムシフトが起きる、それを日本が先導していく姿を期待し思い描いていたのだ。

第4章

井深大と本田宗一郎、似た者同士の系譜

1 肉親から「心」を鍛えられた幼年期

本田宗一郎、1906年（明治39）11月17日静岡県磐田郡光明村で生誕

宗一郎は現天竜市で鍛冶屋を営む父・本田儀平の長男として生まれた。父からは、勉強嫌いいやいたずら好きの性格については、あまり問われることはなく、「人に迷惑をかけない人となれ」だけを一貫して厳しく教えられたという。

8歳のころ、村にその頃珍しかった自動車が来た時、初めて聞くエンジン音と排気ガスの匂いに好感を持った。エンジン音と排気ガスの匂いに囲まれた宗一郎の生涯の運命的な出会いとなった。

１９１７（大正６）年小学5生、好奇心の強い10歳の宗一郎は、地元の新聞に、家から20キロ離れた浜松練兵場の会場で、飛行家アート・スミスの曲芸飛行ショウが午前と午後の２部制で開催されるとの記事と広告を見たとき釘付けとなった。

強く惹かれるものがあり、何が何でも見に行こうと決心した。しかし、平日の朝から曲芸飛行ショウを見に行くと言ったら学校をサボるなと怒られるのは分かっていた。

そこで、当日、宗一郎は、学校に行くふりをして無断で大人用の自転車を三角乗りして20キロ離れた浜松練兵場の会場行った。会場に入るには入場料を取られるので払えない宗一郎は、会場を見下ろせる松の木に登って見物した。

飛行機が爆音を轟かせながら宙返り、逆さ飛行、さらには垂直下降しながらあわや地面と激突する寸前に水平飛行に反転する技に感動した。

宗一郎は、アート・スミスの曲芸飛行ショウを見た時の感動を生涯忘れられず、戦後にオートバイのビジネスで第3の黄金期を築いた際には、自家用軽飛行機を購入して操縦免許を取って、鈴鹿サーキット場などへの国内出張に使っていた。

宗一郎は15歳の時、浜松の親元を離れて東京の自動車修理工場に丁稚奉公に出た。別れぎわに、宗一郎の父・儀平は次の3つの戒めを守るよう諭した。

①他人に迷惑をかけない人となれ
②賭博は麻薬と同じで癖になるからやるな
③社会に出たら時間を有効に使うか無駄に使うかでお前の人生は決まる

宗一郎はこの3つの父の戒めを生涯守り通した。

父の死後、母から技術者となるよう期待されて育った井深大

井深が3歳の時父を亡くした。その後、5〜7歳まで、母子2人で東京で暮らし、井深は母が勤務する豊明幼稚園に2年間通った。

母は休日のたびに井深を博覧会や博物館に連れ出し、近くに住む亡父親の同僚だった

人のお宅を訪問し、父親が働いていた様子などを聞かせ将来父と同じような技術者となるよう教育された。

母親は、子供の特性を見出して育むといった教育方針を持っていたため、休日には井深にいろなことを見聞させるため出かけた。この2年間は井深にとって至福の時だったと語っている。

小学校2年の時、井深母子は愛知県安城の祖父の家に戻った。そして母は再婚して神戸に去っていき、残された井深は父親がわりの祖父・基（もとい）に育てられた。

祖父からは、孫の井深大が、会津藩門閥であった井深家第十代当主とし継ぐこととなるため、どんな時でも自尊心と独立精神に富んだ気性を持った会津武士の血を引く10代目の跡継ぎとして自覚して生き抜くように教えられた。

2 社会に出た最初の上司が二人に挑戦し続ける生き方を鍛えた

宗一郎の親方・榊原郁三の多彩な生き様

1893年〈明治26〉6月長野県上田で生まれた榊原郁三は、家具職人の親の仕事を手伝っていたが18歳の時、飛行機製造の仕事を志し上京。伊賀飛行機研究所に住み込みで働くようになった。だが翌年突如、多額の投資資金をつぎ込んだ飛行機の試験飛行に失敗したことにより伊賀飛行機研究所が閉鎖された。

その後、所長だった伊賀氏広は日比谷で自動車修理業とハイヤーを扱う東京自動車商店を開業。榊原郁三はそこで働くようになりアメリカから輸入されたフォードなどの中古車などの自動車修理技術を学んだ。

１９１７（大正６）年、24歳の時、独立して本郷湯島で自動車修理業を営んだ。この年、来日したアート・スミスの曲芸飛行ショウを東京青山の陸軍練兵場で見て感動し、アート・スミスの名前を自分の自動修理工場の社名に使いアート商会と名乗るようになった。

榊原郁三は、社会の変化に合わせて、新しい事を挑戦する経営理念を実践したスゴイ人で、評判の高かった本郷湯島の自動車修理工場を弟に任せ、自分はアメリカから輸入していたエンジンの精密部品ピストンの国産を目指した。

１９３２（昭和７）年、アート軽合金鋳造所を発足、国内の自動車や航空機用エンジンに使用するピストンを供給した。

１９３７（昭和12）年、日本が日中戦争を始めて１００万の大軍を中国に展開した時、アメリカは日米通商航海条約を破棄した。その結果、１９４０年以降アメリカから輸入していた自動車の精密部品やアメリカに頼っていた石油の８割など、全てが経済制裁により輸入できなくなった。

榊原郁三は1941年から本格的に自社の国産ピストンを国内の自動車や航空機のエンジンに供給した。

1945（昭和20）年終戦。会社名をアート金属工業株式会社に変更した。21世紀の現在もピストンを内外の自動車メーカーに販売している。榊原郁三は1974年（昭和49）9月享年81歳で死去。

「アート金属工業株式会社」ホームページ記載の沿革、及び取引先欄には次のように記載されている。

1917年　榊原郁三 東京本郷にアート商会を設立
1926年　アルミ軽合金によるピストンの試作に成功
1932年　アート軽合金鋳造所を設立し、本格的にピストン製造を開始
1941年　営業部の一部をアートピストン株式会社として独立させ、販売会社を設立
1943年（戦時中）長野県上田市常磐城に工場を疎開

１９４５年（戦後）アート金属工業株式会社に社名変更　本社は長野県上田市
２０１７年　アイシン精機株式会社と経営統合、創業１００周年を迎える
２０２０年　本社に新厚生棟を建設　デミング賞受賞
２０２１年　中長期経営計画ＡＳ30（Art Stragtegy 2030）始動
〈取引先〉
トヨタ自動車、スズキ、ヤマハ、ダイハツ、三菱自動車、クボタ、マツダ、いすゞ、日野自動車、豊田自動織機、川崎重工業、スバル、フォルクスワーゲン（独）等

親方榊原郁三のもと、アート商会での丁稚奉公６年間

高等小学校卒業前の15歳の宗一郎は、親が購読していた業界誌「輪業の世界」の中に、東京の自動車修理会社「アート商会」が広告を出しているのを見つけた。かってあこがれた曲芸飛行士と同じ名前にひかれ、応募の手紙を自分で書いて郵送した。すぐに、「親が承諾していれば雇う」との返事が来た。

1922（大正11）年3月末、父儀平に付き添われ上京し、東京の湯島にある「アート商会」の親方・榊原郁三の家で、儀平は親方に挨拶。親方が宗一郎を預かることを承諾してくれたので宗一郎を置いて安心して浜松に帰って行った。宗一郎はこの日から6年間の丁稚奉公を始めたのであった。

宗一郎のアート商会での最初の試練は親方の赤子の子守を半年やらされたことだった。その間は、先輩たちの働いている姿を見ているだけの期間で、この間、丁稚の根性を見極める期間でもあった。

住み込みから10カ月たった冬のある日東京に積雪があった。雪の塊に接触し自動車のアンダーカバーが外れる故障車が多発し、次々とアート商会に持ち込まれてきた。その日から親方は，宗一郎の子守を免除し、つなぎの作業服を与え、宗一郎にアンダーカバーを吊り下げている切れたワイヤーの修理を命じた。

その日を境に、毎日仕事を与えられ、自動車修理を学んで1年もたつと、宗一郎は修理の技量を親方に認められるほど腕を上げた。

住み込み2年目の正月休みの時に、アート商会のオートバイを使って故郷に錦を飾ることが許された。浜松への帰路、難所の箱根越えでは、何度もオーバーヒートにより、エンジンが冷えるまで寒風の吹きすさぶ中で止まっていなければならなかったが、生まれて初めてのオートバイツーリングを堪能した。

18歳の時には、岩手県盛岡市のエンジンが故障した消防車の修理を任され、ピストンリング部品や修理道具を携え、一人で盛岡に出張した。

駅に迎えに来た消防署の職員は、来たのが18歳の若造だったことに驚き、本当に修理ができるのかと疑問をもち、急遽、宿舎も女中部屋のようなところに泊まらされたという。

消防自動車の修理はエンジンを分解して、部品を1点ずつ点検して摩耗したところを直し、再度組みなおしてエンジンを搭載する大掛かりな修繕だったという。

それまで、18歳の若造の修理に不安を感じていた職員は、宗一郎が見事にエンジンを再生して消防自動車が放水できるように修理したのを見て、職員たちは歓声を上げて喜んだ。
その日から宿舎の待遇が一変。床の間付きの部屋に変わり夕食もご馳走が出た。酌をする女性も付いて、お酌をしてもらうのが初めての経験だったので受ける宗一郎の手は緊張のあまり震えたという。

親方は当時始まったばかりの自動車レース黎明期のマニアで、自動車修理業の傍ら、仕事が終わる夜8時頃から深夜まで、自作のレーシングカーを作ることに熱中するという特異な自動車修理会社だった。

親方・榊原郁三から、自動車修理の技量を認められた宗一郎は、夜8時から始める作業、部品を一つ一つから組み立てるレーシングカー作りの手伝いに参加することを許された。宗一郎はすぐに、これこそ自分の持ち味を生かせる仕事だと自覚し、熱中して夜中まで働いたという。

１９２４（大正13）年新年早々、立川陸軍飛行場で開催された日本自動車競走クラブが主催した自動車レース。参加したアート商会チームは親方の榊原郁三が監督で、弟の榊原真一がドライバー、メカニックを担当する宗一郎は助手席に同乗するという布陣で臨んだ。結果は3位に終った。

次の開催は同年11月22日と23日、第５回日本自動車競走大会を開催することが決まった。親方は次回こそ、優勝を目指そうと、高馬力の飛行機のエンジンを知り合いから入手して、このエンジンを搭載したレーシングカーを自作することにした。

エンジンはアメリカの複葉機・カーチスに搭載していた中古90馬力８２００ccのエンジンだった。これを中古のアメリカ製のロードスター車に搭載することを決め、カーチス号と名付けた。

10カ月後のレースを目指して宗一郎は、昼は自動車修理をこなし、夜は深夜まで新たなレーシングカーの改造に熱中した。

11月のレースの当日、アート商会のチームは、前回と同じメンバーで鶴見の埋め立て地での特設コースに臨み、今度は1位で総合優勝を果たした。

宗一郎は6年間のアート商会での丁稚奉公で、自動車レースに優勝することで、自分たちの技術水準を向上させるという醍醐味を学んだのであった。


この時の経験から、本田技研工業では新卒で入って3年たったころの社員に、F1レースのレーシングカー造りを、いきなり任せることになった。ブレーキ部品や、エンジン部品をじかに触って組み立て、レース本番では、メカニックとなって、勝敗に夢中になることで、仕事の喜びを直に感じさせる仕組みを取り入れたのだった。

自動車の修理が完了して、取りに来た顧客に対しては、故障で動揺している客の心理的要素を考慮して、丁寧に説明して、客の心を癒すように心がけると、客から感謝の言葉が返ってくることを学んだ。

宗一郎は、丁稚奉公の５年と、１年間のお礼奉公の６年間を経て、親方から浜松でのれん分けを許された。親方は設立資金２００万円を貸してくれた。

１９２８年（昭和３）故郷の浜松で18坪の染物工場の建物を借りて、従業員一人だけの「アート商会・浜松支店」の看板を掲げた。実態は宗一郎が個人事業主の修理工場だった。

宗一郎は、この商売で毎月千円を儲けたいと懸命に働いたら、３年目で毎月千円の儲けが出る繁盛店となった。そこで新たに約80坪の修理工場を新設し、社員も十数名に増えた。

故郷の浜松で立ち上げたアート商会浜松支店は、他の修理工場で直せない修理も直してもらえると評判を呼び、地域ＮＯ１の自動車修理会社として繁盛した。本人が言う生涯の第１次黄金期を迎えた。

井深大の人生最初の上司「写真化学研究所の植村泰二所長」との出会い

親許を離れ、早稲田大学で学ぶため一人上京した井深の「心」と「技」鍛えたのが早稲田大学時代の電気工学の教授で、当時の10大発明家の一人と言われた山本忠興教授と、卒業後に入所した写真化学研究所（略称ＰＣＬ）の植村泰二所長であった。

弱電エレクトロニクス技術者を志した井深が、早稲田大学の電気工学科を卒業しアメリカの特許を回避するトーキー映写機技術者として、写真化学研究所（略称ＰＣＬ）の植村泰二所長のもとで働き始めたのは宗一郎より10年遅れた１９３３（昭和８）年４月からであった。

植村泰二所長は井深が写真化学研究所で16ｍｍトーキー映写機の開発をしたこともあって井深の才能を見出した。

「井深には、いろいろなものを発明する実力があるので、その能力を生かした開発を行ってほしい」と伝えた。そしてトーキー映写機を専門に製造販売する植村泰二が社長を務める日本光音工業（株）に井深を移籍させた。人事権も与え役員待遇にした。

井深は需要が拡大している16ｍｍトーキー映写機製造に必要なオシロスコープやブラウン管や電圧計など測定器を製造するため、製造に必要な人材をスカウトし自由に各種測定器の開発販売を推進していった。

ついには本業の16ｍｍトーキー映写機の売り上げを超えるまでに関連ビジネスを拡大させた。

時は日中戦争の始まり、陸軍が軍隊を中国に100万人送り込み軍需品の需要が高まりにつれて、製造に必要な測定器の需要が拡大してきた。植村泰二社長は井深を、測定器の部署で働く人も含めて、新たに独立させようと考えていた。

井深は「自分の持ち味を生かしてこそ成長できる」（井深大の箴言・第26条）ことを実践させてくれた写真化学研究所所長の植村泰二所長には感謝していると語っている。

3 第2次世界大戦直前の混乱期に「量から質」への新しい業態に転身した宗一郎と井深

1937年、宗一郎高性能ピストンリングを作る東海精機（株）を創立

1931（昭和6）年、アート商会浜松支店の従業員も50人を抱え、売り上げは特許料だけで月に1000円以上の稼ぎがあり、自身が「俺の第1次黄金時代」というほど繁盛した。

しかし、修理業の将来を考えると、次々に従業員がのれん分けして独立していき、狭い市場の中でやがてはおたがいが市場を食い合うようになる。修理業が男子一生の仕事にはならないことに気が付いた。

そのころ日本は1931年の満州事変から中国への侵略を開始し、加盟していた国際連盟で日本の軍国主義的侵略を非難され、2年後には国際連盟から脱退していた。国際的に孤立した日本に対しアメリカは1939（昭和14）年7月に日米通商条約を破棄し、日本は中国との戦闘が続く中で、アメリカからの輸入に頼っていた石油などの軍需物資が入らなくなり、物資の統制経済政策に踏み切った。

アート商会の親方・榊原郁三は、こうした時勢に呼応して、自動車修理工場のほかに、エンジンのピストン部品を生産する工場を新たに創業して運営していた。宗一郎は、こうした世間の動きをとらえ、これからの戦時物資統制時代は資材調達もままならない時代なので、量よりも質を重視する業態に転換しようと決心していた。

当時、アメリカから輸入されていた高性能ピストンリングに比べ日本製ピストンリングは、品質が劣って使い物にならず、アメリカが日本に対し経済制裁し始めて高性能部品の輸入は品不足をきたしていた。高性能ピストンリングは「銀の目方で売れる」と言われ、高額部品であった。

やると決めたら直情径行型の宗一郎は、アート商会浜松支店の経営を弟子に譲って、1931年アートピストンリング研究所を設立してピストンリング製造法の研究に没頭した。しかし冶金工学などの学問的基礎知識が無い宗一郎の経験とカンだけでは埒が明かなかった。

宗一郎は、ピストンリングを作るためには、冶金工学などの技術を基礎から学ぶ必要があると痛感し、浜松高等工業の聴講生となって勉強した。当時は詰襟の学生服を着用しなければ聴講生といえども教室には入れないので30代の宗一郎も詰襟の学生服を着て聴講したという。

勉強の成果が出た1937年、トヨタなどに納品する試作品を完成させた時に東海精機（株）を創業した。当初はトヨタに納入しても100個のうち使い物のあるものは1個か2個しかなく返品されたものを、持ち前の頑張りで、品質が安定し、輸入品と同等の精度が出せて本格的に使ってもらえるようになったのは1939年からであった。

豊田自動織機製作所自動車部発足後、自動車部が使うピストンリングを探して欲しいとの指示を受けた石田退三は、宗一郎と面会し、ピストンリング製作の下請けを依頼した。その後宗一郎は、戦闘機「隼」を作る中島飛行機製作所など大手企業にも評価され、納入できるようになった。宗一郎の会社・東海精機は大きくなり自分で「俺の第2の黄金期」と言うほど繁盛した。

太平洋戦争がはじまると、東海精機のピストンリングは、戦闘機や軍用トラックのエンジンにも使用されるので軍需部品生産会社に指定され、国の管理下に置かれてしまった。国の指示で豊田自動織機自動車部が東海精機の株40％を得て経営権を取得し、東海精機の社長には豊田自動織機から送り込まれた石田退三が着任。社長だった宗一郎は技術担当専務に格下げされた。

石田退三は、戦後トヨタ自動車が窮状に陥った時，再興に尽力し、社長にまで上り詰めており社長在任中は「けち」に徹し、紙も裏まで使い、鉛筆も短くなるまでとことん使ったという。

親会社から送られてきた「ケチ」で有名な社長の下、軍の仕事は社会主義的な計画生産で、与えられた仕様、生産計画数、掛かった原価に、定まった利益率を上乗せした収益が確保される。

コストダウンとか、仕様を変更して生産効率を上げるなどの創意工夫は認められず、非効率であっても、不良品も含めて生産数を達成すれば良しとされる。宗一郎は、我慢の限界まで追い詰められていたが、戦時中であり逆らうことは許されなかったという。

1945（昭和20）年8月、終戦とともに、これまで味あわされた不合理な軍や役所からの統制や親会社の指示に嫌気がさしていた宗一郎は、石田退三から爆撃で破壊されたピストンリング工場の再建を指示されたが断った。

持っていた東海精機の株式をすべて親会社の豊田自動織機に45万円（現在の価値で1・8~1億円）で売った。自身は妻や周りの人たちに「1年間の休業宣言」をして、終戦直後の混乱の落ち着く先を見るため、自宅で悠々自適生活を送れるつもりだった。

だが終戦7カ月後の1946（昭和21）年3月、突如、戦時国債の莫大な借金を解消するため、宗一郎の45万円の預金の内60％を財産税として国に没収させられることになった。

井深は1940年メカトロ技術を標榜する日本測定器を創立

統制経済が始まり物資不足の中で、1938（昭和13）年、井深は小型映写機を生産販売している日本光音工業（株）の役員待遇時代に、横川電機で航空計器の機械系の設計をやっていた大学時代の友愛学舎の僚友だった小林圭吾と、時々、業界の会合で会うことが多かった。二人は、小林の機械系の知識と井深の電機系の知識を融合させれば画期的な新製品ができそうだと語りあっていた。

当時の日本光音工業は、本業の小型映写機を上回るほど井深の測定器部門の売上が急拡大していたため、植村泰二社長は、井深とその下で働いている人をまとめて新たな測定器専門の会社「日本測定器」を興そうとしていた。

この話を、小林圭吾にしたところ、親がやっているライオン歯磨きからも出資させるから、2人でメカトロ技術を標榜する「日本測定器」を共同経営しようと意気投合した。1940（昭和15）年、五反田駅近くに拠点をかりて総勢50名の「日本測定器（株）」を創業。社長植村泰二、専務小林圭吾、常務井深大の陣容。実質は小林圭吾と井深大の共同経営体制で、メカトロ技術を駆使して、部品点数が少なくて高額で売れる測定器の開発生産がスタートした。

この混乱した戦争下の日本でも、自社の独自性であるメカトロ技術を生かして従業員共々、生活の糧を得ながら生き抜いた経験は、著者による「井深大の箴言・第26条（自分の持ち味を生かしてこそ成長できる）」に反映されていることがわかる。

井深はメカトロ技術を標榜する日本測定器の代表的製品である、機械式断続器を発明した。これによって初めて海中に潜む潜水艦による上空の地磁気の分布の乱れを航空機に搭載した磁気測定器で感知できた。感知した微弱信号を機械的断続器で取り出し増幅することにより潜水艦の存在を知ることのできる、画期的発明だった。

当時陸軍は、航空機に搭載している爆弾に、敵軍艦が発する熱線源の方向を感知させて誘導する熱線誘導爆弾を開発しようとしていた。船の熱線に反応する微小電圧を断続器で取り出し、これを増幅して爆弾の羽のかじを切る信号源の開発を担当させた。

井深らは完成させ、青函連絡船の発する熱源を感知して、この方向にかじを切る信号を出力とする装置の青森での動作確認試験を成功させた。

戦後、進駐軍は日本測定器のこれらの発明品を接収し、技術的に高度な機器としてアメリカ本国に送っている。

井深の日本測定器は長野県須坂の疎開工場で８００名が働いていた。１９４５（昭和20）年になると日本の敗戦が予期されるようになった。小林圭吾との話し合いで、政府の戦争終結宣言がなされれば軍需会社は解散される、この予測では二人の考えは一致していた。だが、終戦直後に東京に出て民生品会社を起業しようという井深の案には小林圭吾は反対した。

２万坪のリンゴ園も持っている疎開工場にとどまって、自給自足しながら家族ともども暮らしていける環境、数年様子を見ると小林は主張。

そこで、井深とこれに従う7名が、わずかばかりの設備を持って上京、袂を分かつこととなった。

井深らは終戦の宣言と同時に東京に出て民生機器を作る、新たな会社を興す準備を開始していた。


そのころ、宗一郎の会社は工場が太平洋海岸に接していたため、最盛期には従業員は2000名いたが、米軍の空襲や艦砲射撃で浜松の工場は壊滅。磐田工場は終戦の年の1月の南海大地震で倒壊。従業員は300名に減って開店休業状態となっていた。

井深の日本測定器は終戦時に解散させたが、宗一郎の東海精機は戦後も豊田自動織機の系列会社として存続、現在もピストンリングやアルミダイキャストなどを生産する会社として世界の自動車の快適と安全を支え続けている。

第5章

敗戦という
パラダイムシフトに際して、
井深、宗一郎の日本再建という
『公』の使命感

1 増税地獄。戦後のハイパーインフレの中、金融緊急措置令と日銀券預入令によって、経済的どん底に見舞われた井深と宗一郎の対応

幣原内閣によって「金融緊急措置令」が発令される

井深と宗一郎の2つの個人経営の研究所は、戦後復興期の需要を的確にとらえ繁盛した。しかし終戦の年10月に発足した幣原内閣により「金融緊急措置令」が発令された。戦時に発行した大量の国債の借金をチャラにし、国民の個人財産を奪取する目的で、財産税と預金封鎖と新円発行からなる「金融緊急措置令」が1946年2月16日夕刻に突如発令された。

この金融緊急措置令により国民が銀行や郵便局に預けていた預金は、翌日から預金封鎖され引き出すことが出来なくなった。タンス預金など各家庭で持っている日銀の発行済みの旧紙幣は、2週間後の3月2日までに銀行や郵便局に預金しなければ、3月3日からは、市中で使用できないタダの紙くずとさせる政令も発布された。

流通できるのは、新しく印刷された新円札だけとなった。

政府は、戦前の戦費などを賄った国債の膨大の借金を、国民の持つタンス預金や資産を、なかば強制的に取り上げて解消するという乱暴な法令だった。

封鎖預金から引き出せる生活のために必要となる新円札は、標準所帯（夫婦と子供2人）での引き出し額は一日あたり500円（現在の価値で2～1万円）のみとされた。

しかも政府により全額の引き出しが禁止されている預貯金、国民の資産はハイパーインフレによって貨幣価値は毎年半減し続け、各家庭は困窮した。

また資産額に応じて1回限りの財産税が累進税率で最大90％が課税され1年後に税務

署に収めるよう義務を課した。生活するために必要なもの以外の家庭にある貴金属や宝石、絵画といった財産については、税務職員による各戸の訪問調査で金額換算された財産額を累進税率表に従って最大90％の財産税が確定された。

そして1年以内に国庫に納税する義務を負わせた。事実上の国による国民資産の没収行為が行われた。そのため各家庭では、保管している株券や預金通帳や、金銀宝石、骨とう品など、生活に必要ないと認められそうな資産を地中に隠すなどの行為が横行したという

宗一郎も例外ではなかった。社長を務めていた東海精機の株を終戦直後に親会社のトヨタに譲渡して得た45万円（現在の価値で1・8～1億円）は60％の財産税の納税義務が課せられた。

残ったのは18万円だけになった。その後4年間で65倍ものハイパーインフレが襲ったという。

井深もこのインフレの嵐に巻き込まれた。官公庁に収めた測定器の代金は手形で支払われるため、手形の期日には、井深の封鎖された預金に引き落とされる。封鎖預金から引き出せるのは、一日当たりの生活費分の新円札のみで、振り込まれた手形の代金全額は降ろすことができない。

急遽従業員たちは、秋葉原の露天商を通して新円を稼ぐため、ラジオのダイヤル表示装置やレコードのターンテーブルやレコード針を手作りで生産して東通研ブランドで売って新円札を稼ぐこととなった。

井深は、こうしたハイパーインフレが襲う嵐の中でも従業員共々、収支のバランスをとりながら会社が生き抜けられるように前向きに、アイデアを次々に出して従業員とともに、新円を稼いで会社を存続させたのである。

井深や宗一郎は戦後のハイパーインフレの嵐の中で、時の政府のリーダーによる無謀な政策によってもたらされた現実に直面しながら、避けることのできない被害を気にしていたら、嵐の中の船は沈没してしまうと考えた。

嵐の中では、海中に積み荷の財産を海に捨ててでも身軽になり、船が沈まないようにバランスを保つという1点のみに注力した。

常に前向きに、国民が困っていることを解消するような新製品を発明し市場に出し、新たな勤め先を見つけたりして新円の現金収入を確保するといった生き方である。


ところで近年、政府が、国債の発行は、国民が持つタンス預金などの資産総額を上回っていなければ国債をどんどん増やしても、問題ないという発言や、財産税を新たに設けて税収を増やしてはどうかとの発言が目立ってきている。

渋沢栄一の肖像画の新1万円札は2024年7月に発行される。現在の税法で財産税に属するものは固定資産税や相続税や贈与税、自動車重量税などである。

1946年2月幣原内閣が行ったと同様に、国民がタンス預金をしている旧1万円札に対して、2024年6月までに直ちに預貯金に預け入れなければ、2024年の7月をもって旧1万円札の流通を禁止しタダの紙くずとすることの法令は、与党が過半数を占める衆議院で可決すれば実行できる。

そして、国民の預貯金に対して、累進税率90%～25%の新たな財産税を課税し、国の多額の借金を解消する財産税に関する法令を加えて成立させることができる。これらは岸田内閣によって国民の70%反対しても健康保険証を廃止して、ただの紙くずとさせると同様の閣議決定の手続きで法令を成立させることが可能である。

２０２５年、我が国が経済的焼け野原となる、どん底が見込まれる年に、こうした増税発言を繰り返す政府のリーダーのもと、最悪なケースもありうる。

かって、終戦直後に国民の資産を没収する財産税とハイパーインフレの嵐の中を船が沈まないように前向きに生き抜いた、井深と宗一郎の生きかたを、２０２５年からの40年を生きる国民一人一人が知ることも必要だ。

1946年5月、井深は個人企業を株式会社に改組して、届出だけで株式会社を設立できる限度額の資本金29万円で東京通信工業株式会社を発足させた。その後増資を募って新円での運転資金を確保した。

一方、宗一郎は、終戦の1年後に11名の個人事業の本田技術研究所を起業し、陸軍の残した50ccのエンジンを用いて、自転車に搭載し「バタバタ」と呼ばれた動力付きの自転車をヒットさせ、その後オートバイメーカーに躍進。

個人事業の本田技術研究所のままでは新円での豊富な運転資金が集まらないのでオートバイの生産が月産数200万台を達成した1948年、資本金100万円の本田技研工業株式会社に改組し、新円で集めた資本金を運転資金に充て、更に拡大する事業に投入した。

1955(昭和30)年、念願のオートバイの生産数で世界一を達成した。

2 戦後6か月、政府による増税地獄と物価高。敗戦というパラダイムシフトに際して、日本再建という『公』の使命感の自覚に立った新しい業態の会社を創業

井深は終戦日の翌月9月に日本橋白木屋3階で東京通信研究所を創業

戦前ニューヨークにあった日本文化会館々長を務めた外交官であった義父の前田多門は東京の家が戦災で焼失し、軽井沢の別荘に住んでいた。元首相で東条首相に対して和平を主張して対立していた近衛文麿（日本降伏2日後の8月17日発足の東久邇内閣で副首相）とは戦中も親しく交流しており敗戦が近い国際情報を熟知していた。

軽井沢からは井深のいた長野県須坂の疎開工場が近かったので、国際情報を聞くため

しばしば井深は訪れていた。義父から近く敗戦となることや、敗戦でアメリカ軍に占領されても、占領下の日本を民主々義国家に転換させるだろうから、敗戦と同時に東京に出て民生機器の会社を創業してもその権利は守られると聞かされていた。

そこで、戦後復興に自分たちの技術を民生機器の分野で貢献するチャンスだと考え、井深は上京組の7名と終戦の宣言が政府からなされたと同時に上京して拠点を確保して、新会社を立ち上げる準備をしていた。

井深は日本測定器時代のコネを使い、逓信省や鉄道会社、放送局などの戦後復興に必要な測定器を扱えば、一緒に上京した従業員たちの当初の生活の糧を得ることができると確信していた。

井深は終戦日の翌日、腹心の太刀川を上京させ、焼け残った日本橋白木屋ビルの3階に事務所を見つけさせた。1週間後に井深は上京して契約。翌9月には個人企業の東京通信研究所の看板を掲げた。

宗一郎は1年間の休業宣言の後、作りたいものを作る研究所を起業

１９４６(昭和21）年3月、突如、戦時国債の莫大な借金を解消するため国が動いた。宗一郎の45万円の預金の内60％を財産税として国に没収させられ18万円となり、さらに預金封鎖のため使えなかった。１９４６（昭和21）年3月をもって法令によって預金されていなかった旧円札すべてが流通禁止の紙くず扱いとされた。

宗一郎は、戦前から浜松に持っていた６００坪（１９８０㎡）の土地に、１９４６（昭和21）年8月の休業明けとともに50坪ほどのバラックの工場を建てた。

東海精機をやめた数名の有志と弟との11名で本田技術研究所を立ち上げた。緊急課題は11名が食べていくため、手っ取り早く新円を稼げる売り物を作ることだった。

宗一郎は、終戦当時大量に残っていた陸軍の無線機用発電機50ｃｃの小型エンジンに

目を付けた。主婦たちが自転車に乗って遠くの山の方の農家に行って物々交換で得た重い食料を積んで帰ってくる様を見て、得意のエンジン技術を用いる補助エンジン付き自転車の発売を思いついた。

これが飛ぶように売れて、浜松市内では本田技術研究所製の補助エンジン付き動力自転車に沢山の荷物を積んでバタバタとエンジン音を出して自転車が行き交うようになった。この評判を聞いた東京や大阪の客たちも新円の現金を手にして浜松に客が殺到した。

宗一郎は旧陸軍の小型エンジン在庫を使い切ったのち、必然的に自作のエンジンを開発し、強度のあるフレームに搭載するオートバイメーカーに脱皮した。

3　米国企業が１社も成功していない課題に挑戦して世界企業に躍進する

１９５２年、井深は世界企業へのチャンスに挑戦

１９５２（昭和27）年、アメリカ市場調査に現地に出張した井深は、１９４６年に発明されたトランジスタがアメリカ大手メーカー12社によって5年間取り組まれたが1社も実用化に成功していないことを知って、日本のソニーが世界企業に躍進できるチャンスととらえた。

１９５６（昭和31）年、アメリカのクリスマス商戦に持ちもまれたポケットサイズのトランジスタラジオ（ＴＲ－63）は爆発的な需要を呼び、品切れ店が続出、急遽何度も

日本から空輸で送らなければならなかった。
世界でソニーだけがトランジスタの先進的世界企業の地位を占める大成功をもたらしたのであった。

1960年、日本ではNHKがカラーテレビ放送を開始。アメリカの大手電機メーカーのRCAからライセンスを受けた日本の電機メーカーから「シャドウマスク方式」のカラーテレビ受像機が家庭に普及しはじめた。
井深は早速市場に出ている他社のカラーテレビを調査したが、「画面が暗すぎて部屋を映画館のように暗くしないと見れず家庭向きではないと評価。ソニーがやるときには、夕食時に部屋の明かりを消さなくとも楽しめる画面の明るいカラーテレビを研究開発するよう指示を出した。

1965（昭和40）年5月、「クロマトロン方式」のカラーテレビを発売したが、画面は明るいものの色むらの欠陥があって作れば作るほど赤字が増え続け、ソニーに経営危機をもたらした。

この窮地を救ったのが、クロマトロンの欠陥を解消する１ガン３ビームの「トリニトロン方式」の採用であった。

１９６８（昭和43）年末、日本でオールトランジスタカラーテレビ「トリニトロン」が発売された。それまでのシャドウマスク方式のカラーテレビでは画面が暗く、家で楽しむには映画館のように部屋を暗くしなければいけなかった。がこの新型カラーテレビは、夕食を食べながらカラーテレビが楽しめるライフスタイルを世界にもたらした。シャドウマスク方式のカラーテレビも改良に改良を進めたが、「トリニトロン方式」のカラーテレビが明るい部屋でも楽しめるライフスタイルをもたらしたとの認識を世界の人々に与え、世界企業ソニーブランドの名声を確固としたのだった。

1974年ホンダは低公害エンジンCVCC開発によって世界的企業に躍進

1970年12月31日に発令されたカリフォルニア州のマスキー法、「5年後の1975年型自動車からは、現行従来車に比べ、CO（一酸化炭素）、HC（炭化水素）、NOx（窒素酸化物）は10分の1にすること。ただしNOxは1976年型車からとする」

これは環境問題を背景に、低公害排気ガス規制を自動車メーカー各社に義務づける法律であった。

宗一郎は「四輪車最後発のホンダにとって、アメリカの大手メーカーが不可能とする燃焼そのものから出る排気ガスをクリーンにすること、その技術をホンダが開発すれば四輪車の世界企業としてのし上がる絶好のチャンス」前向きにとらえていた。

1972年（昭和47）10月12日、ホンダは赤坂のプリンスホテルでマスキー法をクリアする低公害エンジンＣＶＣＣの全容をマスコミに発表し国内外に大きな反響を起こした。
これを知ったＥＰＡ（合衆国環境保護庁）からは早速ＣＶＣＣエンジン搭載車3台の提出要請があり、これを米国で、２台は１万５０００マイルの走行試験を実施。さらに1台は5万マイルの耐久試験を実施し排気ガスを計測した。その結果、１９７５年規制のマスキー法合格第1号と認められた。

１９７3年3月19日、ＥＰＡの公聴会がワシントンで開催された。世界が注目するこの公聴会で「１９７５年規制を達成するのは可能」と証言したのは、ＣＶＣＣエンジンの本田とロータリーエンジンの東洋工業だけだった。

当時は、米国の大手自動車メーカーは構造上ガソリンエンジン車の排気ガスをクリーンにはできないとして、排気を触媒方式で取り除く以外は不可能としていた。１９７３年には、ホンダ車シビックは米国のロードテスト誌「'74カー・オブ・ザ・イヤー」の輸入車部門第1位を獲得した。

１９７４年11月、ホンダシビックの米国向輸出車１９７５年型がＥＰＡに持ち込まれて排ガス試験の結果、合格した。

１９７５年型シビックは低公害車の評判はさることながら、圧倒的なＮＯ１低燃費車であることが長年評価されて、四輪車メーカー・ホンダの名声は米国中で評判を呼び大ヒットした。

ただ、東洋工業の低公害ロータリーエンジンは、燃費に難があり脱落していった。

米国の首都ワシントンにあるスミソニアン博物館には唯一の日本車であるＣＶＣＣエンジン搭載のシビックが「米国自動車文化に新世界をもたらした車」として展示されている。

１９８９年10月、宗一郎は米国の自動車産業に貢献した人間として、日本人では初めて自動車殿堂入りを果たしている。

4 トップの座を60歳半ばで後進に譲って早期引退した井深と宗一郎

１９７３年10月、67歳の宗一郎社長と63歳の藤沢副社長が引退表明

若手研究者らの水冷エンジンへの転換要求に際し、宗一郎が空冷エンジンに固執し、ホンダは内紛状態の危機に瀕した。藤沢副社長が両者の間に入り危機を回避させた事件があった。

１９６８年10月21日、宗一郎は若手研究者らの反対を押し切って空冷エンジン搭載の「ホンダ・１３００」を発売。結局空冷エンジン特有の振動と騒音と重たい車体重量、しかも目前に迫る排気ガス対策にも対応できず、結局販売は不振だった。

Ｆ１レースは高速レースなので加熱するエンジンを冷却するため水冷エンジンが主流であった。宗一郎は１９６８年のフランスでのレースは空冷を指示した。ホンダレーシングカーのお雇い外人ドライバーがコントロールを失いクラッシュして炎上する死亡事故を起こした。

ホンダＦ１初の空冷エンジン開発に携わった若手の久米是志は、宗一郎に直接、水冷エンジンへの転換を説得したが宗一郎は拒否した。久米は藤沢副社長や次期社長となる河島喜好に直訴し辞表を提出。河島が預かったがその後、久米は出社せず行方不明となった事件があった

社長・宗一郎の女房役である副社長・藤沢は、著名な企業のワンマントップが、壮年までは優れた技術感覚をもって、先端を行く技術を盛り込んだ新製品を出し続けてきたものの、過去の栄光を過信し、老醜をさらしながら地位に執着し世間から見捨てられていく例をたくさん知っていた。その結果、貢献してきた幹部が離反、結局会社をつぶし、晩節を汚すこととなる。

藤沢は常務取締役としてホンダに入社した当初から「社長・宗一郎の領域には一切口出しをしない」との約束だった。しかし、久米からの直訴の緊急性を感じとった藤沢は、宗一郎の晩節を汚させないのが女房役として、自分の最後の務めを果たそうと決心した。

宗一郎に「あなたは、これからも技術研究所で若手に指揮すべきだと考えるのか、それとも社長としての道をとるのか、どちらかを選ぶべき」と問うた。

宗一郎は「社長としているべき」と答えたので、藤沢は「それでは水冷でやらせるのですね」と念を押した。

そして、「これを機に私は会社から身を引くが、あなたはどうしますか」と問うた。しばらく考えた宗一郎の返事は「お前が辞めるのだったら俺も一緒に辞めることにする」という答えだった。

約四半世紀、宗一郎と一心同体の女房役に徹した藤沢が、宗一郎の名声を守るため、最後のご奉公として、宗一郎を道連れにして引退させたのであった。

１９７３年（昭和48）年10月、67歳の宗一郎社長と63歳の藤沢副社長は退任を表明し、後任社長に学卒第1期入社の45歳の河島喜好を指名した。

2代目社長の河島喜好は「空冷エンジン信奉者のオヤジがあと数年居座っていたらホンダは潰れていた。そこで身を引いたのはオヤジのすごいところだった」と述懐したという。

宗一郎に水冷で行くように迫り説得し拒否され、辞表を河島に預け行方不明となった久米是志は、その後、低公害の水冷式CVCCエンジンの開発を手がけ成功させた。河島喜好の後を継いで第3代目社長に指名されている。

井深大は会長職を退任し名誉会長として若手の相談役となる

1976年1月5日、盛田昭夫社長自身が代表権を持つ会長に就任すると発表。井深大は会長職を退任し、名誉会長という立場で若手の相談役に徹してもらうとした。社長には岩間和夫、副社長は大賀典雄をそれぞれ昇格させ米国式経営体制を導入すると発表された。

会長・社長の暗黙の役職定年は70歳なのに、代表権を持っていた井深会長の早すぎる退任発表。井深を尊敬する技術陣達のなかで、盛田昭夫社長が自分の息のかかった人脈で経営陣を固める意図が働いたのではとの疑いがわきあがった。

だが、井深自身がこの人事を甘んじて受け入れ、今後は社会貢献活動に注力していきたいと表明したため、混乱は起きなかった。

宗一郎の現役退任2年半後に井深も現役から退任した。親友であった2人はその後、ボーイスカウトや幼児開発や理科教育基金などの理事や、増税なき財政再建を目指した土光臨調の応援活動などの有意義な社会貢献活動に協力し合いながら、死をむかえるまで友情を深めていった。

宗一郎は「皆様のおかげで幸せな人生でした。ありがとう」との言葉を残し１９９１年８月５日肝不全により順天堂大学付属医院で死去。享年84歳。

本人の遺言で、お葬式やお通夜は近所に迷惑がかかるから無用と聞いた井深は、改めて感心させられたという。
大親友であり、同志である宗一郎の死に対し、その心情を『わが友本田宗一郎』の中で吐露している。NHKの特別番組も放映、ベストセラーとなった。

宗一郎が逝った6年後、1997（平成9）年12月19日、本人が予告していたとおり井深大は自宅で、普段通り就寝し夜明け前に、親族の見守る中、苦しみもなく逝った。

井深と宗一郎の遺伝子は、21世紀のソニーとホンダに受け継がれている。
21世紀に入り小型ビジネスジェット機でホンダジェットは世界シェアNO1となっており、新会社ソニーホンダモビリテイ（株）から2025年・戦後80年のパラダイムシフトが始まる年にAI技術搭載のレベル3自動運転車「アフィーラ」が北米で販売される。その後の40年間にAI技術応用分野で日本が再び世界貢献できるかどうかが問われる40年を迎える。

第6章

井深は米国で2つの〝北極星〟を見つける

―ポケッタブルラジオとステレオ音響

高学歴技術者に録音機の次に取り組む仕事を与える早急の課題

井深が戦前から戦中にかけて経営していた日本測定器は、メカトロニクス技術を得意として軍からの要請でハイテク技術製品を提供して貢献したが、戦後は井深の方針で官公庁向けでなくメカトロニクス技術を用いた消費者向けの機器を経営の中心に置くとの方針をとった。

1951年（昭和26）発売したメカと電気の典型的融合製品であるテープレコーダの普及品H型が、大ヒットして全国の小中学校で視聴覚教育ブームとなり次々に買ってくれるようになった。Hは家庭用Ｈｏｍｅから名付けている。

永井特許によって価格競争から守られるテープレコーダは社員や東通工にとって将来的にも生活や経営が安定する仕事をもたらして、次なる投資資金の内部留保もできるようになった。

同年年末の井深の脳裏には、メカトロ技術のかたまりであるテープレコーダの開発をするため雇い入れた高専卒や大学卒の才能ある技術者50数名の人たちに、次の〝北極星〟を目指す目標を与えるという早急の課題があった。当時の日本社会では井深の父がそうであったように高専卒や、大学卒の技術者は、将来は会社の幹部となる人材と位置づけられていた。

井深は、1952（昭和27）年3月から3カ月間、アメリカ市場の長期視察によって次なる新技術の目標である〝北極星〟をアメリカで見つける旅に出た。テープレコーダの市場実態や現地製造工場見学、およびオーディオ業界の展示会など視察した結果、日本に持ち帰った〝北極星〟への道筋は次の2点であった。

①テープレコーダを2トラックで録音するステレオ音響の道筋
②アメリカで発明されたトランジスタを使いポケッタブルラジオの道筋

終戦7年目でのアメリカでの体験

1952（昭和27）年3月、井深のアメリカ視察旅行に際して、当時英会話が出来なかった娘婿の井深社長を気遣かって、既に公職に復帰していた義父の前田は親友であった大手商社日商の西川政一東京支社長に頼んで、アメリカで市場調査をする際に、通訳を兼ねて調査を手伝ってもらえる現地での案内人の手配をお願いしていた。

井深は出発前に日商の西川政一東京支社長に面会して、お礼かたがた出発の挨拶をした。紹介してくれたのは日系アメリカ人で、戦前には日商アメリカ法人の社員で、戦後はニューヨークで株の仲買人をして、日商の代理人の仕事をしている山田志道であった。西川は井深に最初に日商ニューヨーク支店に行って山田と会って、アメリカでの3か月間の手筈の打ち合わせをするようにと親切な段取りをしてくれていた。

当時、占領国の日本は民間航空会社の運航はGHQから禁止されていた時代であった。日本が独立したのは井深のアメリカ出張中の4月からであった。

3月、井深の乗ったアメリカ行のノースウエスト旅客機DC－6は座席数36席で航続距離が5000kmしかない4発プロペラ機だった。アラスカ州のアンカレッジまで直行できず、途中のアリューシャン列島のセミヤの米軍基地で給油をしなくてはならない時代であった。

アラスカでは、入国手続きのため乗客はいったん降ろされて入国手続きをするのであるが、順番は白人、アジア系、黒人と当時のアメリカでの人種差別の実態を井深は見せつけられた。

入国手続き終了後、飛行機はシアトルに向かった。シアトルでニューヨーク行の便に乗り換えるのであるが天候不順で欠航となっていたので、4日ほど航空会社持ちでホテルに待機させられた。

ニューヨークに着いて真っ先にタクシーで日商ニューヨーク支店に向かった。日系アメリカ人の山田は、外貨の持ち出しを厳しく制限される日本から来た井深のために、ホテル代を節約するためアパートの部屋を紹介してくれた。

彼に訪問したい工場やお店や展示会を言うと、すぐに相手先のアポをとって、連れて行ってくれる。人柄もよく現地の人との人脈も豊富で、産業界の事情も詳しく、井深は案内人として最適な人と巡り合った。

後に東通工の米ニューヨーク事務所代表者にもなって、その後アメリカ株式市場のへの日本初のソニー株上場など、山田志道夫妻とも後のソニーの米国ビジネスに多大な貢献をしてくれる人との最初の出会いであった。

シカゴのオーディオフェアで生まれて初めてのステレオ体験をして感動

アメリカに滞在してすぐの1952(昭和27)年3月。シカゴのヒルトンホテルで開催されていたオーディオフェアで出品されていたあるブースで、2チャンネルのテープレコーダの録音された音楽を左右の耳それぞれに受話器を当てて聞く立体音楽を視聴した。その時、井深は飛び上るほどの感動を体験したのであった。当時はステレオの概念が無く立体音楽との表現で、電話の受話器2つを両耳に当てての試聴であった。

その時代のレコードは全てモノラル音楽しかない時代だったので、井深は立体音源はテープレコーダを2トラックにして録音されているに違いないと確信した。ちなみにステレオレコード45／45方式がアメリカで発売され始めたのは6年後の１９５８（昭和33）年になってからだ。

すぐにでも木原にこのことを伝え、2トラックのテープレコーダを試作させねばと井深はあせった。井深は木原宛に「テープレコーダに2チャンネル記録すると素晴らしい立体音が再生できる」と短文電報で2チャンネルのテープレコーダの話を伝えた。

以心伝心の木原はこの電報だけで、「井深の帰国に合わせて試作機と視聴用2チャンネル録音済みのテープを用意しておけ」との連絡だと理解し、帰国時に合わせて試作機と録音済みテープを用意した。

新発明のトランジスタを使ってポケッタブルラジオの新市場の構想を得る大成果

ニューヨークで滞在している宿に、日本に住む友人であるアメリカ人のラッセルが、手紙で「ベル研究所の親会社の製造部門を担当しているウエスタン・エレクトリック社（以後、ＷＥ社と略す）が、トランジスタの特許を有償で公開しているから、是非話を聞いてみるように」と知らせてきたのだった。

井深は3年前に日本の新聞で針接触式トランジスタの発明記事を見て、井深は鉱石受信機の鉱石というイメージでとらえて使い物にならないだろうと思っていた。ところがその後アメリカに来て、既に針接触式から接合型に進化して非常にコンパクトな素子となっているのを知って、将来使い物になると思うようになっていた。

そこに具体的に有償で公開しているとの話を知らされたので、井深はせっかくアメリカに来たのだからコンタクトして話を聞いてみようという気になった。

井深は早速、アメリカ在住の元日商社員の山田志道に頼んで話を付けてもらいトランジスタを生産するＷＥ（ウエスタン・エレクトリックの略称）社を訪問した。

しかし、その日は特許許諾の権限を持つマスカリッジ特許部長との面会は出来なかったがトランジスタ製造部門の担当者から、「既に12社が特許使用権を購入して、そのうちの６社の大企業が実際にラジオに使える高周波トランジスタの試作をやっているが、どこも苦戦をしている。ラジオに使うのは無理で、補聴器ぐらいしか使い道はない」との貴重な情報を得ることが出来た。

これを聞いた井深は東通工が飛躍するチャンスと逆転発想をしたのであった。技術力を持つアメリカの大手企業12社が特許権を買って、未だに真空管に取って代わる性能の高周波トランジスタの開発に１社も成功していない状況なら、東通工で使用権を買って高周波トランジスタに挑戦すれば技術で世界最先端に立てるチャンスがまだ残っていると考えた。

その時、ふと井深が思い浮かんだのは、昭和初期の学生時代に読んでいた「無線と実験」の雑誌にマンガが描かれていた腕時計型ラジオの夢物語だった。井深は、よく社内の技術陣に「雑誌やマンガに掲載される若者向けのたわいのない夢物語は、研究者にとって次世代のイノベーションにつながるヒントが秘められている」と語っていた。

真空管の20分の１のサイズで、しかも電池で増幅ができれば、屋外で身に付けてラジオが聞けるようになる。「そうだ！　今トランジスタを使ってやるべきことはポケットに入る小型ラジオだ！」と井深はトランジスタの具体的応用分野を瞬時にイメージし、テープレコーダの次に東通工が目指す〝北極星〟を見つけたのだった。

接合型のトランジスタは当時2種類のものが研究されていた。一つはWE社で研究している高周波化が期待できるが製造が困難なグローン型トランジスタ。もう一つはRCA、GEが開発した製造がしやすいが高周波化が困難なアロイ型トランジスタであった。

結局、アメリカでの当初の出張目的であったテープレコーダの市場と現地工場の視察旅行は、テープレコーダ製造工場の見学は同業者である井深の見学は拒絶されたが、立体音響を可能とするテープレコーダの新用途開発のアイデアとテープレコーダの次はトランジスタを使ったポケットに入る携帯ラジオを目指そうのとの2つの構想を得る大収穫があった。

WE社に支払うトランジスタ特許使用料は25000$、当時のレートで900万円かかるので通産省に外貨使用許可を受けなければならないこととなった。

日本にステレオ音響の素晴らしい〝北極星〟を持ち込んで元祖となる

井深は1952年（昭和27）6月日本に帰国するや、真っ先に木原のいる職場に駆け付けた。木原はアメリカ滞在中の井深から「テープレコーダに2チャンネル記録すると素晴らしい音が再生できる」との電報連絡を受けるや否や、まず、手持ちのエコーマシンを研究するために色々な位置にヘッドを配置して遅延した音を記録する実験に用いていた放送局用KP－2型テープレコーダに、マイクロフォンを2つをつないで、2チャンネル録音できるようわずか1日で改造した。

次に、これにかけるステレオ音源を録音したテープを作る為に、木原は樋口取締役に楽団の演奏しているところを紹介してくれないかと相談した。

その結果、樋口取締役は販売部門の人たちが接待で使っていた当時銀座で著名な「エーワン」というキャバレーで毎晩8時から楽団が演奏するのを木原たちが録音できるように話を付けてくれた。

以下は木原信敏『ソニー技術の秘密』（ソニーマガジンズ刊）の抜粋。

「そこでマイクロフォンを開発していた中津氏と2人で昼間に器材をキャバレーに運び込みマイクスタンドを2本立てて、キャバレーが開く8時まで待機していた。中津さんと私はキャバレーで遊んだ経験がなく、初めてだったが、演奏が始まって2、3曲ためし録音してコツをつかんだ。その後はキャバレー初体験を楽しみながら、ダンスミュージックの10曲ほどの演奏を録音させてもらった。これが日本で初めての記念すべき生録となった。

夜10時に撤収して器材を会社に持ち帰り、用意してあった2つのスピーカーにステレオ録音機を接続して早速再生した。今までにない言葉では表せない感激を味あわせてくれた。ついには床に座り込み、飽かず聞き惚れ、時のたつのも忘れるほどだった」

帰国後の井深は木原の職場で生録したダンスミュージックに聞きほれ、「アメリカで2つの受話器で聞いた以上に素晴らしい。これをもっと大勢の人に聞いてもらうぞ！」とその後は、井深はお客が来るたびに試聴させ感激させた。

木原はその後、ＮＨＫの交響楽団の演奏もステレオ録音させてもらっている。

1952年9月13日の朝日新聞に「立体録音時代来る」と題した次の記事が掲載された。

「アメリカの通信工業会を視察、去る７月帰国した東京通信工業井深社長が渡米中に立体録音のヒントを得て試作したもの。今までの録音はひとつのマイクから取るのでいわば片耳で聞くようなものだが２個だと両耳で音を自然に選り分け、方向感、立体感が出てくる理屈。２個のマイクに入った音は１本のテープにそれぞれ録音され、再生にも２個のスピーカーが使われる。…試聴した音響学の科研所員田口氏は『まるで音楽風呂に入ったようだ』と語った」

井深も仲間に入っていた熱烈な音楽愛好家たちのグループの中核的存在であった東大仏文科出身の仏文学者・中島健蔵は、木原の録音したステレオ音響を聞いて、「機は熟した」として１９５２年（昭和27）10月にオーディオ協会の前身、オーディオ学会を設立。

井深が視察してきたアメリカのオーディオフェアの日本版として井深の持ち帰ってき

た立体音楽録音などを大衆に公開する、第1回オーディオフェアを同年12月に都立の電気試験所を会場に開催した。

協賛事業として、同年12月5、6、7日の3日間、NHK本放送の終了後の深夜0時15分から1時までの45分間、第1放送と第2放送を使ってNHKの立体音響放送を全国に放送した。器材と音楽ソフトは木原が改造した放送局用KP－2型テープレコーダをNHKに持ち込んだものを使った。

試験放送予告はNHKの放送で全国の音響マニアたちに周知徹底していたので、多くの人が全国でラジオを2台用意して待ち構えていた。放送が始まると、最初に、左右の音量を分けて放送して順次第1放送、第2放送と同じ音量に調整させる指示をした。その後視聴者たちは今まで聞いたこともない臨場感あるNHK交響楽団などの音楽が流れるのを聞いて、感動した人達から大きな反響がNHKに寄せられた。

NHKはこの実験放送が予想外の評判を得たので、翌年から再三繰り返すようになり1956年（昭和31）4月から「立体音楽堂」という定時番組の放送に発展した。

立体音楽等を紹介した第1回日本オーディオフェアも成功裏に終わり、主催したオーディオ学会は１９５６（昭和31）年5月に名称を日本オーディオ協会として中島健蔵が引き続き会長を長期にわたり務めた。１９７９年（昭和54）年からは71歳の井深が第2代オーディオ協会会長に就任して13年間務めた。そのあとはＣＤＰを世に送り出した功労者の元ソニー常務取締役だった中島平太郎が後を継いだ。

以上のように１９５２（昭和27）年井深が44歳の時、日本に初めて2チャンネルステレオ録音テープレコーダを先駆けて試作し、その後は低価格モデル以外、全て2チャンネルステレオ録音再生ができるテープレコーダが長く発売され続けてきた。

その27年後、ソニーを引退していた井深名誉会長が71歳の時に、屋外でステレオを楽しめる再生のみのウオークマンを井深が発想してソニーから１９７９年に発売させた。井深の発想法が、経営者としての決断ではなく、トップ自身の好みを主体に置いて、出来るか出来ないかではなく、自分が感動した好きなものを具体的イメージして皆で共有して、ゴールである〝北極星〟をめざして一丸となって実現させる。

井深が口癖のように言っている心のエンジンをかける魔力を持った「説得工学」で、開発陣の皆にゴールである〝北極星〟を納得させた上で、トップ自身が陣頭指揮して資金等のリソースを集中させることで素早く現実の新製品として世に出す。このやり方がソニーの創業期に世の中になかったものを一気呵成のスピードで次々に実現し続けたソニー神話の本質なのである。

デジタルオーディオの生みの親であった中島平太郎元ソニー常務は、「井深さんは音楽を聴くことにかけては、人後に劣らない人であった。口ぐせは『音だけ聞いたらあかん！　音楽を聴かなきゃ！』だった。人間の体や心のありようも含めて、ソニーから出すオーディオ機器に盛り込むべきとの持論である」

井深はカーマニアで若い時から外車を乗り回していた。高級車はドアのしまる音まで「バタン」と閉まるのではなく「カチッ」としまるよう高級感を出すように配慮している。東通工で最初に出したトランジスタラジオもボリュームの操作で音量0の所で電源が切れる位置に板バネを付けて「カチッ」とする音を要求した。これが井深の「日本製品には必ず使う人への心配りがなされている」との具体例である。

だからソニーのトップに、扱う製品やソフトについて「好きこそものの上手なれ」との目利きが出来る人がいなくなると業績がジリ貧に落ち込むのである。

井深は「決断」という言葉を嫌う。「決断」は「蛮勇」や「他社がやって成功しているから決断する」とのニュアンスにつながるからだ。

「やって見なければ分らないが、成功するかもしれないのならやって見よう」という世の中にないものや、人がやらないものを目指す井深の経営志向と「決断」は根本的に異なるのである。

WE社とのトランジスタ特許使用の仮契約成立

井深は帰国した後も、引き続き山田志道にWE社の特許許諾の権限を持つマスカリッジ特許部長と交渉してもらうように依頼して1952年（昭和27）6月に帰国した。井深がアメリカから帰国してから、通産省にトランジスタの特許使用権を購入するため外貨2500$の割り当てもらうように通産省に行って担当者に打診した。ところが、けんもほろろの高飛車の対応を受け追い返されるような扱いを受けた。

井深は、外貨使用の許認可を握る部署の役人が、新規参入会社の役員に高飛車に応対するのは当たり前で、時には裏金を求めるサインである場合もあることは噂で知っていたが、この時はまだマスカリッジ氏からの許諾の話は山田氏から来ていなかったので引き下がった。

翌年1953年(昭和28)6月ごろに山田志道がマスカリッジ特許部長と面会して、特許許諾に向けての交渉をすると、東通工が独力で録音機やテープ記録媒体をやり遂げた会社であることを高く評価して、東通工に特許許諾するとの決定をしてくれたとの連絡が入った。

そこで盛田昭夫が1953(昭和28)年8月に欧州経由で訪米して日本の通産省が2500$外貨使用の許可を出した後に本契約をするとの付帯事項を付けた特許使用権仮契約を成立させたのであった。

仮契約成立後にWE社からショックレーの「Electronics and Holes in Semiconductors」

という社内テキストと、ベル研究所の人たちが書いた「Transistor Technology」の本をそれぞれ3冊をもらって9月に帰国した。

トランジスタ特許権購入時の外貨使用許可を巡る通産省との攻防

盛田の帰国後、井深が再度通産省に行って、特許使用権仮契約をしたことを伝え外貨使用の許諾を求めたところ、火に油を注ぐ事態となった。「事前に相談にも来ないで、勝手にアメリカの企業と仮契約をした」と怒り狂って、絶対に東通工に外貨の割り当てをしないと不許可を言い渡された。

ところが、数か月後の新聞に、通産省での外貨割当汚職問題が発覚して、通産省の審議官が逮捕されたとの報道がなされた。関係者に問合せして、外貨割当汚職問題によって、許認可権を握る通産省の部署の担当者が全て交代する組織変更がなされたことを知った。

そこで東通工の渉外を担当していた笠原功一が改めて通産省重工業局電気通信機械課に行って審査を担当している新任の四元徹郎技術係長と面談した。笠原が詳しいトランジスタの技術的内容を答えられなかったので東通工の技術専門家を連れてくるように求められた。

翌日、井深社長自身が四元徹郎技術係長の元をおとずれ、トランジスタの図を示して動作理論が素人にもわかるような説明をしたので四元係長は感銘を受け、その足で産業資金課に行ってすぐに認可が下りるように手配してくれたのだった。

新たな審査窓口の四元技術係長の働きで以前の不許可処分を撤回してくれる幸運に恵まれ、翌年の1954年（昭和29）2月に東通工に外貨使用の許可が下りることが決まった。

これには後日談がある。許可に奔走してくれた通産省の四元技術係長が、翌年に松下電器に天下りするとの話を聞きつけた井深が、急いで四元氏の上司である古庄源治通産省電気通信機械課長のもとを訪れ「四元さんを是非、東通工に」と直接申し入れたのであった。

審査面談の時に井深の人柄を知っていた四元本人が、井深社長自身がわざわざ役所に出向いてくれたことに感激して、上司に松下電器より東通工行きを希望したので、

１９５５（昭和30）年1月に東通工に入社することになった。

四元は鹿児島出身で東工大電気工学科を卒業後、商工省（その後通産省）に入省した技官であった。ソニーでは、渉外、特許、海外業務などに携わり、１９７３年（昭和48）にはソニーの常務取締役に就任している。

半導体へのパラダイムシフトの先頭に立った日本の電子立国

トランジスタの発明の原点は次のような点であった。

ベル電話会社がアメリカ全米に電話網を施設する際に、膨大な数となる中継点で通話信号を増幅する必要があり、電力を喰い寿命も短い真空管で増幅をすると、すべての中継点を合わせた使用電力は膨大となり、短命のためリペア用真空管の在庫も膨大となる為、使用電力が少なく、寿命が長い真空管に取って代わるものを早期に研究開発する課題がベル電話研究所に求められていた。

１９４８年6月30日にトランジスタの発明を公表するプレス発表がなされ、会場でトランジスタ11個を搭載した25Wの音声出力を出すスーパーヘテロダイン受信機のデモがなされた。ニューズウイーク誌は「真空管に代わるトランジスタが発明された」と同年7月12日号で第一報を報道した。

2か月後の9月6日の第二報では「ベル電話研究所の科学者たちは、全国のラジオメーカーから、発明した真空管の代用品についての問い合わせに忙殺されている」「米陸海軍では、これまで戦場で使っていた、重くて大きな携帯無線通信機の小型軽量化のプランを練っている」「ベル電話会社の製造部門であるWE社ではトランジスタの量産工場のプランを練っている」等、産業界全体がトランジスタの発明に熱中している様子が報道された。

しかし、WE社ではトランジスタの製造を3年間頑張ったけれど、結局、量産できるほどの歩留まりが向上せず、トランジスタの製造販売による収益は製造部門からは期待できないことがわかり、特許使用権を25000$の有償で公開して少しでも稼ぐことを1951年末に決めたのだった。

トランジスタの商用化生産がWE社で行きづまっていた中、ショックレー、バーディン、プラッテンの共同発明者3人がトランジスタの現象を学会で発表すると、すぐに全米の量子力学、物性理論の全てが総動員されて、従来の電磁気学に支配されていた世界から、新たに固体物理の世界にパラダイムシフトがなされることが理論的に明らかにされた。

研究者の世界で、その後の半導体によるパラダイムシフトのきっかけとなったトランジスタが重大な発明であることがわかり、1956年ノーベル物理学賞をショックレー、バーディン、プラッテンの共同発明者3人が受賞することとなった。

トランジスタ開発責任者の岩間和夫の活躍

井深が1952年（昭和27）6月アメリカ帰国後、当時製造部長をしていた盛田の妹婿の岩間和夫に、だれをトランジスタの開発責任者にしたらいいかを相談したところ、自分は物理学を専攻しているので是非トランジスタ開発の責任者をやらしてくれと自薦してきた。

1953年（昭和28）9月に盛田が持ち帰ったWE社のトランジスタ関係の参考書などは、盛田の義弟、岩間和夫をプロジェクトリーダーとするトランジスタ開発チームがこれらを読みこなして、おおよそのトランジスタ開発の概念をつかんだ。

通産省の外貨割当のめどがついていた1954年（昭和29）1月に、トランジスタ開発チームの責任者岩間和夫（当時取締役）は井深とともに渡米して、2人ではじめてWE社のトランジスタ製造工程を見学した。井深はトランジスタの仕掛品ばかりが目につく製造工程を目の当たりにして難しそうだ思った。

岩間はそのまま4月半ばまで現地に滞在して、WE社の製法を学んだ。写真撮影等は許されず、装置の構造や作り方を熱心に質問し、ホテルに帰って図面やメモにしたためたレポートにまとめ、その都度、手紙で定期便のように数多くの岩間レポートを東通工に送った。

岩間が帰国したとき、トランジスタチームは送られてきた岩間レポートをもとに、岩間の帰国前にポイント・コンタクト・トランジスタを作り上げて発信させるまでやりとげていた。

その後、会社方針としてＷＥ社が製造に取り組んで歩留まりに苦戦していたもののラジオ用の高周波特性に対応できそうなグローン型トランジスタを開発することを決めた。

真空管ラジオの部品メーカーを巻き込んで極小部品開発を依頼

トランジスタラジオといえども、真空管ラジオで使っているバリコンや抵抗、コンデンサ、ボリューム、スピーカーといったラジオの機能部品もトランジスタ並みに極小部品化しなければ、ポケットサイズのラジオは作れない。

井深は樋口取締役を下請け部品メーカーへの開発依頼の責任者にして、井深と手分けして1年後には大きなビジネスになりますと約束した上で、真空管ラジオの部品を作っていた部品メーカーを回って、極小部品化したものを開発してもらうよう依頼した。

しかし、多くの会社は極小部品などは作ったことが無いため、樋口や井深に対して「まずは自分で試作した見本をもってこい」と相手にされないことが多かった。

東通工はトランジスタの開発に注力しており、極小部品を試作するパワーはなく、部品一つ一つを専門部品屋に丸投げしてお願いするしかなかった。

そうした中で、新聞広告に「なんでも小さくします」との三美電機製作所の広告を見た。井深は目黒区大岡山の2間しかない土間に旋盤を置いてある小さな工場を訪ね、社長の森部に面会し極小バリコンをお願いした。

森部は井深と一緒になってバリコン板との間に絶縁物を挟んだアイデアで極小バリコンを開発してくれた。その後森部は極小ポリバリコンをトランジスタラジオメーカー向けの主力商品に発展させ社名もミツミ電機に変えて、国際的企業に成長した。

スピーカーはフォスター電機の篠原社長の所に行って1年後には相当な量に注文を出せるから極小スピーカーを作ってくれるように説得した。最初は「何ミリといった極小スピーカーなんて作ったこともないし、作れたとしても音は悪いに決まっている。作れば自分の会社の恥になる」と罵倒されながらも井深は食い下がって説得した。

今では篠原社長は「そんな失礼なことを井深さんに言った覚えはない」と言い張って

いたが、井深は決して忘れることが出来ない思い出だという。

こうした苦労をしながら、創業したばかりのアルプス電機や、通信技術に定評のある帝国通信工業などを回ってポケットサイズのトランジスタラジオに使う極小部品一つ一つを供給してもらえる部品メーカーを開拓して行った。この井深らの努力でトランジスタラジオ用極小電気部品の供給のインフラが日本でととのったことによって、後から追いかけてくる日本の大手電機メーカーや香港や台湾の新興メーカーも日本からの部品供給によって簡単にポケットサイズのトランジスタラジオを欧米に輸出する国際企業となって稼げるようになった。

今では、ラジオと同じ無線機である世界各国の携帯電話では、当時の井深たちが試作をお願いしたトランジスタラジオの日本の極小部品メーカーが、世界に製造拠点網を持つ国際企業に成長し、原理は無線機であるスマホ向けでも機能は同じ極小部品を、今現在も世界に供給し続けて繁栄している。

井深の設立趣意書の経営画方針の第５項に記載した「従来の下請工場を独立自主経営

の方向へ指導育成し相互扶助の陣営の強化を計る」を文字通り実践して日本の電気部品メーカーを世界企業として飛躍させたのも井深の功績である。

『技術でいきる！』松浦元男・岡野雅行著（2003年ビジネス社刊）には、「当時の井深さんが現役だったころのソニーは、私たち部品メーカーにとって日本のプライドだった」と記している。

「日本の部品メーカーが国際企業に飛躍して欧米に現地工場を展開した時に、現地に持っていくお土産は、ソニーのウオークマンや、ソニーのテレビで『日本にはこんなすごいものを作る会社があるんだ』と自慢できた。

当時のトヨタが世界の自動車産業で30位ぐらいの時に、日本人が世界に誇れるものは家電製品で、中でもソニーは海外に進出していった日本人のプライドだった」と記している。

改良型TR－55は日本初のプリント配線基板を導入するなどの小型化に必須な配線基

板のノウハウを持つ下請け部品メーカーは日本には無かったので、リージェンシー社が用いていた配線基板の電解銅箔を供給していたアメリカのラバ＆アスベスト社から接着剤付の銅箔を輸入して、新設した羽田工場で日本初のプリント基板の自作をすることにした。

世界初の栄冠をアメリカ企業に8カ月差で取られた無念

ＴＩ（テキサツ・インスツルメンツ）社はグローン型トランジスタを研究していたベル研のエンジニアをスカウトして、ＴＩ社でラジオ用の高周波トランジスタを低歩留まりであっても数量を限定する外販を可能とする域までの生産を達成していた。リージェンシー社は、ＴＩ社からのラジオ用のグローン型トランジスタを使い世界初のトランジスタラジオを１９５４（昭和29）年12月にアメリカで発売した。

東通工は１９５４（昭和29）年9月、茜部の生産技術チームがグローン型製造設備を完成させ、５カ月後にＮＰＮグローン型トランジスタの生産試作に成功した。これらを使い1955（昭和30）年3月、代理店などに新製品を売り込むためのトランジスタラジオのサンプル機ＴＲ－52を完成させた。

盛田昭夫はこれをもって渡米し、時計などを全米で売っていたグローバ社から、10万台の引き合いを取るほどの需要の感触を得たが、グローバ社のブランド名を本体に付けるとの条件を指示させられたので破談とした。

このサンプル品は、後にラジオの外筐が日中の高温度の自家用車内で変形するトラブルが発覚したので、破談にしていなければ莫大な損害賠償を負うところであった。

1954（昭和29）年10月末、宣伝を兼ねて東通工はゲルマニュウムトランジスタ部品の展示即売会を三越デパート本店で開催した。トランジスタを応用した時計、試作1号機のトランジスタラジオ、補聴器などの試作品を展示した。ゲルマニュウムトランジスタ4000円、1個320円のダイオードも用意していた。それを買って帰る人がいたので、井深は「何に使うのだろう？」と驚いたという。

改良型ＴＲ－55は日本初のプリント配線基板を導入するなどの全面的改良をして東通工の製品カテゴリーのブランド名「ＳＯＮＹ」を初めて名付けた。1955年8月、日本初のトランジスタラジオとして18900円で発売された。リージェンシー社から遅れること8カ月であった。

井深は、通産省の外貨許可の引き伸ばしが無ければ、東通工が世界初の開発者との栄誉を得られたのにと悔しがったが、TR-55の初期の性能と値段18900円は、真空管ラジオより音質が悪く、値段も高いので売れるという確信は持てなかった。

一方、トランジスタの歩留まりは5%の段階ですぐに改善されるとの期待で、井深は完成品の発売に踏み切ったものの、歩留まりは10%以上には向上せず選別して良品を選ばねばならず、しかも生産ラインで個々のトランジスタの特性に合わせて、性能を水準以上とするためには12種類用意した発信コイルの中から組み合わせを選ぶという生産上のネックを抱えていた。

この低歩留まりのため、テープレコーダによってもたらされた開発資金が底をついて、三井銀行から度重なる融資を仰がねばならない状況に陥った。トランジスタ生産責任者の塚本は井深社長から歩留りの停滞について「お前は会社をつぶすつもりか！」と迫られることがたびたびであった。

井深社長から、歩留まり向上と同時に真空管ラジオ並みの音質をもたらすトランジスタの改良をもとめられた塚本は背水の陣を敷いた。リンのドーピング技術導入によりＩｎＰ（インジュウム・リン）の化合物によるゲルマニュウムトランジスタを完成させることにより歩留まりと音質性能の大幅向上に成功した。


こうして大幅に音質性能や小型化を向上したゲルマニュウムトランジスタを搭載した、日本初のポケットサイズ・トランジスタラジオＴＲ－63は、従来の半分の省電力化をも達成し１９５６（昭和31）年４月に１３８００円で発売された。

アメリカ向けは輸出価格39・５＄で売り出され、年末のアメリカのクリスマス市場で爆発的な需要を呼び、品切れが続出。急きょ日本から何度も空輸で送らなければならないほどであった。

世界初のトランジスタラジオを発売したリージェンシー社は、部品の意供給先のＴＩ社から、性能を向上させるトランジスタの供給が得られず、アメリカ市場での地位を東通工に奪われて撤退して、民生品応用分野では世界でソニーだけがトランジスタ先進企業となった。

世界初の短波との２バンド、続いて世界初のＦＭとの２バンドへ商品を拡充

井深によれば、東通工の発展とは、常に商品志向の開発であり、そのたびに最先端のトランジスタ技術のさらなる開発を必要としたのであった。

短波ラジオの視聴者は、主に東京や大阪の証券取引所の株式市況を聞くために唯一リアルタイムで全国向けに中継するＮＳＢ日本短波放送を聞いていた。ＮＳＢとは日本経新聞社短波放送の略称で１９５４（昭和29）年８月27日に発足している。

井深は、この確実な需要が見込まれる短波放送市場向けに、屋外でも短波放送が聞ける世界初となるＡＭ／ＳＷの２バンドトランジスタラジオＴＲ－62を、１９５７（昭和32）年８月に発売した。この生産対応はＴＲ－63で使用しているトランジスタの中で基準性能が出ずにふるい落とされたものを選別して使えたので、大変いい商売をさせても

らったと振り返っている。

次に目指したのは世界初のＡＭ／ＦＭの２バンドトランジスタラジオだったが、更なる高周波トランジスタ開発を必要とした。ちょうどそのころアメリカで高周波特製の良いメサ型トランジスタが開発されたとのニュースが入り、この情報をヒントにして塚本はＰＮＰグローン・ディフュージョン型トランジスタの開発に取り組み、１９５８年5月この試作に成功した。

１９５８年11月、輸出用として世界初のＡＭ／ＦＭ・２バンドトランジスタラジオＴＦＭ－１５１の販売を開始した。

１９６０（昭和35）年には、トランジスタラジオの商品群が拡充したことで。手狭となった五反田本社にあったトランジスタ生産場所を厚木の新工場に移転して、更なる増産を実現させた。

シリコンを使った世界初のテレビ用トランジスタの開発

テープレコーダからの収益を食いつぶして、新たな借金までして開発してきたトランジスタビジネスが、真空管ラジオ並みの音質をクリアしたTR－63の大ヒットによって、東通工のトランジスタラジオビジネスが軌道に乗り安定した収益源となった。余裕の出来た井深は香港のトランジスタラジオ工場を視察した。

ところが香港で見たものは、井深たちが日本の独占だと思ってやっているシンプルなAMトランジスタラジオが日本よりはるかに安いコストでどんどん造られ、日本に比べ1ケタ上回る月産20万台以上の規模で欧米へ輸出して、世界市場に向けて価格競争を仕掛けている実態に目を見張った。井深はAMラジオなどのシンプルな製品の安価な大量生産は日本よりはるかに東南アジアの新興国・香港の方が適している事実を認めざるを得なかった。

日本が開発したものはすぐに真似されて、香港や台湾から安価なものが出て来ることは甘受せざるを得ない。やさしいものは香港や台湾に任せると言う覚悟で、日本は難しいものの生みの苦しみを通してでなければ伸びる道はないと悟った。

そこで井深は帰国してすぐに、ラジオの次はテレビのオールトランジスタ化を目指すと宣言してゲルマニュウムを使うトランジスタテレビ用の高周波トランジスタの試作を始めた。

ゲルマニュウムトランジスタをたくさん使ったマイクロテレビを試作したところ、丸い形であるはずのテストパターンが三角形お結び型となってしまう不具合が出た。テレビの画面は電子を高圧で偏向させて画像を蛍光面に描くため、高電圧に弱いゲルマニュウムトランジスタでは、まともな偏向画像を期待できないことが分かった。

当時高圧の電気を直流や交流に変更する整流器に用いられていたサイリスタと同じシリコンを半導体として使わないと、高圧の電流が流れるテレビには使えないことがわかった。

それならシリコンのトランジスタをやって見よう、ということになりシリコントランジスタの開発が始められた。

１９５７年10月、ソ連が人類最初の人工衛星スプートニクの打ち上げに成功して世界に大変な衝撃を与えた。これに対抗するためアメリカでは軍事用のコンピュータやミサイルに搭載する高温の中でも駆動するトランジスタの需要が巻き起こっていた。その結果１９５８年新興のフェアチャイルド社でシリコントランジスタの製造が始まった。

融点が９６０℃のゲルマニュウムの結晶は電気会社のソニーでも自製できたが、融点が１４３０℃で純度を99・99％以上の小数点以下何桁という所までの精製を求められるシリコン結晶の量産化は、電気会社の手に及ぶところではなかった。

アメリカが軍事用に使っているデュポン製などのシリコン単結晶材料を取り寄せたところ1グラム３４００円もした。これでトランジスタを作ると1個数万円となることが分かった。

井深はまたもや逆転発想をした。ゲルマニュウムの原料はアフリカに偏在しておりそれなりに高価であるが、シリコン（ケイ素）は地球上どこにもある安価な原材料なので、輸入せずに日本で調達できる。さすれば材料工場を日本でやればゲルマニュウムよりシリコントランジスタの方が安くなるはずであると。

そこで、99・99％以上の小数点以下何桁という所までの精製を求められるシリコン結晶の量産化は化学を専門にする会社に頼むしかないと考えた。

井深は遠い親戚であった新日本窒素肥料株式会社の白石宗城社長を訪ねて、「今トランジスタ材料として使われているゲルマニュウムにとってかわる熱に強いシリコンがトランジスタの主流材料となる時代が来るので、化学が専門の新日本窒素肥料で将来性のあるシリコンを作ってくれないか」とシリコンの事業化を正式に依頼した。

新日本窒素肥料でも副産物で使い道のない塩素を使って金属の結晶を生成する新たなビジネスを模索していたところでもあり、ソニーと組んで副産物の塩素を使ってシリコン結晶を共同で作ることとなった。

白石社長は千葉県野田市にある4万5千坪の土地を使い1958（昭和33）年12月、新工場を竣工させて製造子会社日窒電子化学（株）工場を稼働させ、アメリカのデュポン社で成功していた四塩化シリコンの亜鉛還元法を用いてシリコン単結晶の生産を立ち上げ、ソニー1社に提供し始めた。

後年、この会社は世界の半導体メーカーにＬＳＩ用のシリコンウエハーを供給する日本発の国際企業である株ＳＵＭＣＯ（２００５年8月三菱住友シリコンから商号変更）となって、以来通算60数年間も世界の半導体メーカーにシリコンを供給し続けている。

１９６０（昭和35）年、塚本は日窒電子化学から供給されたシリコンを使いテレビ用シリコントランジスタを完成させ、同年5月に世界初の８インチトランジスタテレビＴＶ８－３０1を６９８００円で発売した。しかし発売後の初期不良でシリコントランジスタが壊れて返品される数も多く苦難が続いた。

発売直後のタイミングで、ベル研が通信用トランジスタとしてシリコンのエピタシアル結晶を使ってシリコントランジスタ性能を改善したとのニュースがとびこんだ。すぐに塚本は、同年8月には早くも自社でエピタシアル結晶を作り、垂直偏向用とビデオ出力用のメサトランジスタに応用してエピシアル化したシリコントランジスタの置き換えに成功した。これでようやくマイクロテレビの完成品の性能が安定した。

1962（昭和37）年5月、5インチマイクロテレビTV5－303型が発売され、ニューヨークでは10月1日に新設のショールームに展示されたがわずか4日間で在庫が底をついて売りきれた。

アメリカではキャンピングカーを使ったレジャーが普及しており、それまで、キャンピングカー内でテレビを見られなかったのが、電池駆動の世界初の5インチマイクロテレビで見られるようになり空輸で対応するほどアメリカ市場で大変なブームになった。

ソニーは再びTR－63以来の大ヒットを5インチマイクロテレビで達成した。

世界規模で大きな需要がある多くのテレビ完成品メーカーから、テレビでの省電力化を実現するシリコントランジスタ部品需要は一気に拡大した。ソニーにしか作れなかった為、ソニーはシリコントランジスタ部品の外販を加速させソニーに更なる高収益をもたらした。

21世紀にもLSIなどの材料として今も使われているシリコン材料を1960年から世界に先駆けて民生用にシリコンを使いこなし、名実とも当時は世界一の半導体メーカーの先駆者としてソニーは欧米の各半導体メーカーからも敬意を表される会社とされていた時代があったのだということを忘れてはならない。

井深がリタイヤし名誉会長に退いた後は、ＬＳＩの熾烈な競争下のもとでトランジスタ時代には世界一だった過去の栄光から、ＬＳＩ時代になるとソニーの半導体は輝きを失っていった。

失敗から生まれたトリニトロンが世界の家庭のライフスタイルを変えた

ＮＨＫのテレビ受信契約５００万軒を突破した１９６０年（昭和35年）、ＮＨＫがカラーテレビ本放送を開始。ＲＣＡのシャドウマスク方式のライセンスを受けた日本電気が最初に国産化して受像機を発売し、ソニー以外の大手電機メーカーも追随して市場にＲＣＡのシャドウマスク方式のカラーテレビ受像機が普及し始めた。

この１９６０年は、ソニーが世界初の充電池による動作可能なポータブル型８インチ小型トランジスタ白黒テレビを発売して車載も可能なテレビとして世界の人を驚かせた年でもあった。

井深は早速、発売された他社のシャドウマスク方式のカラーテレビを評価したが、カラー映像は暗く、夜の夕食時にカラー放送を家で楽しむには部屋の電気を消して映画館で映画を見るような感覚でしか見られないものであった。

井深は、「シャドウマスク方式のカラーテレビは家庭用商品向きではない、画面が暗すぎる」と評価し、ソニーがカラーテレビをやるからには、夕食時に部屋の電気を消さないでも楽しめる画面が明るい家庭用カラーテレビを研究するように指示を出した。


8インチ小型トランジスタ白黒テレビを発売したばかりのテレビ技術陣は、後継モデル5インチの開発と並行して、独自のカラーテレビ開発に取り組むこととなった。

当時VTR開発責任者・木原信敏は、世界初のトランジスタVTR・SV－201の開発に成功して、1961（昭和36年）年3月にはニューヨークで開催されていた全米ラジオ・エレクトロニクス展示会（IREショウ）に展示し開発当事者として現地にいた。その時にパラマウント社の展示ブースで、明るい会場の中で光り輝く17インチのカラーモニターを発見した。

盛田副社長が展示場に来ていたので見てもらったところ、「これはすごい、RCAのシャドウマスク方式よりはるかに明るい」となり、その場でパラマウント社の社長とアポイントを取った。翌日、「ノーベル物理学者ローレンス博士が考案した後段加速集束型のクロマトロンと呼ばれる明るい輝度のカラーブラウン管は軍事用だが、テレビにも応用できる」との説明を受け資料を日本に持ち帰った。

当時発売されていたカラーテレビのシャドウマスク方式は、電子ビーム走査を蛍光面の塗ってある画面の手前に置く色選別機構のマスクに画素数分の丸穴を開けて通す構造なので、放射される電子の透過率は15％しか蛍光面に届かず、画面は暗く部屋を暗くしないとカラー映像を楽しめなかった。

クロマトロンのマスクは丸穴ではなくスダレ状なので、横方向はスダレのワイヤー部分で遮られるが縦には遮るものがないので、透過率90％で理論上はシャドウマスク方式の6倍明るい画像が得られるというものであった。

クロマトロンはパラマウント・ピクチャー社の子会社オートメトリック社が軍事用の敵味方を区別（ＩＦＥ）して表示する屋外で使うカラーディスプレイを手作りで小規模生産をしていた。１９６１年12月にパラマウント・ピクチャー社と技術支援契約を結び学ぶこととなった。

クロマトロン方式はスダレ状のワイヤーのマスクで輝度は明るいが、生産の歩留まりを悪くするという未解決の問題は電子ビームの後段加速集束式にあったが、井深はトランジスタの時に部品歩留り５％でセットの販売を踏み切った例もあり、安易に考えて１９６５年５月に、大崎新工場で19型クロマトロンを月産５００台で発売に踏み切った。ところが電子ビームの後段加速集束式そのものの構造上の欠陥が明らかになり、色むらは解決できず作れば作るほど赤字が増えてソニーに経営危機をもたらした。

開発責任者の吉田進は、後段加速集束式を使わないやり方を模索していた。シャドウマスク方式でありながら、ＧＥ社の独自のインライン配列３電子銃を用いたポルタカラーブラウン管で使っているインラインがシンプルな構造なので電子銃１本だけで使ってみようと考えた。画面の明るさをカバーするにはクロマトロンのスダレ状のアパチャーグリルを使えば補えると考えた。

そこで電子銃を研究していた宮岡千里に検討を指示した結果、使い物になるという結果が出た。１９６８（昭和43年）年２月、後段加速集束式の欠点の一部を解消するワンガン、スリービーム電子銃が完成した。

次にクロマトロンのワイヤーをつかったスダレ状のマスクは、量産に向かないので大日本スクリーンに発注し薄い鉄板をエッチングしてスダレ状のマスクのアパーチャグリルが誕生した。

スダレ状のマスクは振動で揺れると画面も揺れる問題があり、井深が戦前の経験から、揺れを止めるピアノ線を横に１本通せば振動を無くせるとアドバイスして問題は即時解決した。

暗かった赤の硫化物蛍光体に代わって希土類元素を使った明るい赤の蛍光体が新しく登場したので、これを採用。更に明るさが増し、１９６７（昭和42年）年の11月、夕食時に明るい電燈のもとでカラーテレビが楽しめるシングルガンで、アパーチャグリルのトリニトロン・ブラウン管のプロトタイプが完成した。

市場ではカラーテレビは17や19インチが主流で、1インチ1万円が市場価格であった。カラー化に出遅れているソニーが一刻も早く市場に出すには、19インチは時間がかかるので小型の13インチしかなかった。

そこで、大田区の電気店店頭で19インチ19万円を買いに来たお客に値段の安い13インチ13万円を買うように説得して、どのぐらいの人が応じるかを店頭で実験して、13インチだけでもいけるとの手応えをつかんだ。

1968年4月、事前案内では発売日は未定として、13インチ・トリニトロン新製品を並べ実演するプレス発表を行った。その席で井深は、マスコミの前で半年後の今年の10月に月産1万台で発売をすると宣言した。

同席していた吉田進をはじめとした開発陣は、この日の手作り10台のデモ機を揃えるために徹夜の連続で疲れ切ってこの日を迎えていたので、初めて聞く6カ月後の発売宣言に、井深を睨みうつけ「このタヌキおやじ、なんてことを言うのだ！」と怒った表情をしていたという。

こうして開発陣は、再び昼も夜もない殺人的な忙しさを強いられ１９６８（昭和43年）年10月にオールトランジスタカラーテレビＫＶ－１３１０が12万８０００円の定価で発売された。

2年後に18インチ、以後20インチ、27インチ、29インチ、世界最大の32インチ、45インチとラインアップを広げた。

当時の人々にとって、カラーテレビは生活必需品であり、明るい電燈の元、リビングで一家団欒、夕食を食べながらテレビを楽しむというライススタイルをもたらしたソニーブランドが身近なもととした愛された。この結果、ソニーのテレビが圧倒的シェアを占めるようになった。

当然シャドウマスク陣営は、明るさでソニーに対抗すべく輝度を上げる改良をした。井深は、ソニーのトリニトロンカラーテレビが刺激を与えたから世界のテレビ産業全体のクオリティを向上させたと評価した。

テレビのブラウン管の原理上、画面が球面を前提とするシャドウマスク方式では平面ブラウン管時代の競争では構造上トリニトロン方式を上回ることは出来ず、ソニー以外のシャープをはじめとするシャドウマスク陣営各社はテレビの開発リソースを次世代の液晶テレビに舵を切る決断をした。

その為、20世紀終盤にトリニトロン平面ブラウン管で世界のテレビ市場を席巻していたソニーは、21世紀当初の液晶テレビの時代になった時には出遅れてしまったのであった。トリニトロンの成功は、井深の箴言「失敗は成功の母」を地で行くものであった。井深が現役最後に関わった7番目の新製品開発プロジェクトとなったのがトリニトロンで、井深の分身のような思い入れのあるプロジェクトだった。

電子立国を日本にもたらした「1・10・100の法則」

トランジスタの発明でノーベル賞を取った3人のうちの一人、バーディンはその後超伝導の発明で2回目のノーベル賞を受賞している。このバーディンが井深に会うためソニーを訪れた。

井深はこの時、「アメリカでトランジスタの発明がなかったなら、日本の電子立国はあり得なかった。バーディン教授への感謝は言葉に尽くせません」と言うと、バーディン教授は「自分のトランジスタや超伝導の発明は、日本人が実際に社会で実用化して役に立つものだと証明してくれるから、単なる理論で終わらないで済んだのだ。この点で、私こそ井深氏をはじめとする日本の方々に感謝しなければいけません」と答えた。

井深はこの時、「トランジスタの原理を発明する労力と費用を〈1〉とすると、いくら机の上の理論上は画期的なものであっても、社会で実際に使って役立たなければ発明だけで終わってしまう。日本企業の得意とするのは、ポケッタッブルラジオという発明の応用分野を見出す〈10〉の労力と、量を作る生産工場と販売網といったインフラを整え、さらに大衆が買える値段にコストダウンして、いかに便利なものだとの啓蒙教育を兼ねた広告宣伝を行なって、世界の津々浦々までに行きわたらせるという〈１００〉の労力があって、初めて発明が社会から評価される」とした。

井深は、このプロセスを「1・10・100の法則」と名付けている。

このことをバーディン教授が評価してソニーに感謝の意を表したのだと思った。発明しただけで終るようなものはノーベル賞は取れないのだと理解した。

井深は人間生活の役に立つものこそ本当の科学技術であるとの信念を持っている。ノーベル賞も同じだったのだ。常に最新の技術発明を取り込んで、世界の人々の役に立つ応用製品を生み出し、新たな市場を創造することこそが日本企業の真価であることを改めてバーディンによって認識させられたのであった。

前述したが、ノーベル経済学賞を受賞したコロンビア大学教授　ジョセフ・スティグリッツは、2020年4月17日のNHK　BSスペシャル「欲望の資本主義2020年スピンオフ－スティグリッツ大いに語る」で、

「アメリカは大発明をしたかもしれませんが、その応用分野について、アメリカが考えていた以上に役に立つ良いものを作り出して、日本は世界に貢献したのです。この貢献

について日本人は理解していないかもしれませんが、こうした形で日本が世界に貢献してきた特徴を持っている限り、将来の日本について私は楽観的なのです」と語っている。

具体例として、トランジスタはアメリカのベル研究所で発明されソニーの手でトランジスタラジオを世界に普及させた。

液晶はＲＣＡの研究所で発明され、使い道がわからず放置されていたのをシャープの手で電卓の表示装置として用いられて世界初の低消費電力かつ軽量薄型電卓を世界に普及させた。その後ブラウン管テレビに代わる大型液晶テレビにまで用途を広げ世界に普及させた。

低い電気エネルギーで光線を発する半導体レーザーはベル研究所で発明されたが、１９８２年ソニーとフィリップスがレコード針に代わる光ピックアップに半導体レーザーを応用して、エジソンが発明したアナログレコードに代わる世界初のデジタル記録音楽媒体ＣＤを実用化し、コンパクトディスクプレヤー（ＣＤＰ）を世界に普及させた。

映像の光をうけて電気信号に変換する半導体イメージ・センサのＣＣＤも、その原理はベル研究所で発明されたが、社会にインパクトを与えるような決定的応用分野が見いだせず研究所で眠っていたところ、ソニーが生産装置を一から作り上げＣＣＤ部品の量産化に成功して、１９８３年に民生用小型ビデオカメラとして発売し、それまでのフィルム式ムービーカメラに取って代わって一挙にＣＣＤビデオカメラが世界の各家庭に普及した。

その後ソニーのＣＣＤはＭＯＳ系イメージセンサへの転換の波頭にも乗って、全世界で使用されているスマホ携帯電話やデジカメにはソニー製のイメージセンサが圧倒的なシェアを維持している。

このように、井深の言う「１・10・１００」の法則で、20世紀後半の日本のエレクトロニクス産業の繁栄をもたらしたのである。

日本初、世界初を連発する新製品開発手法ＦＣＡＰＳ

１９７０（昭和45）年10月28日に井深は大手町の経団連会館で、日米両国の学会、産業界の代表者が集まって第1回イノベーション国際会議が開催されたとき、日本のイノベーションについて講演するように依頼され「新製品の開発に際しての私の取った手法」と題した講演をした。

冒頭に井深自身が指揮したテープレコーダ（１９５０年発売）、トランジスタラジオ（１９５５年）、短波２バンドトランジスタラジオ（１９５７年）、ＦＭ２バンドトランジスタラジオ（１９５８年）、トランジスタテレビ（１９６０年）、トランジスタビデオ（１９６1年）、トリニトロンカラーテレビ（１９６８年）の7つの新製品開発プロジェクトのノウハウを、「新製品の開発に際しての私の取った手法」と題して世界に公開したのであった。

名だたる大手電機メーカーを差し置いて、新興中小企業のソニーが、トランジスタラジオの発売からトリニトロンカラーテレビの発売までの13年間に、世界初の短波２バンドトランジスタラジオ、ＦＭ２バンドトランジスタラジオ、トランジスタテレビ、トランジスタビデオ、トリニトロンカラーテレビの5件もの〝世界初〟を連発する電光石火の速さで開発をするやりかたが初めて公開された。井深は新製品開発のやり方を「フレキシブル・コントロール&プログラミングシステム」(略称F-CAPS)と名付けて掛図で紹介した。

この講演をもとにその要点を箇条書きにポイントをまとめたものは次の通りである。

1)最終商品のイメージ・目的を明確化する。

新しい発明や放置されていた最高の技術と出合ったならば、夜も眠らない気迫をもって、真剣に短期間で一気呵成に最終商品のイメージを明確にする。そのイメージした形をスケッチや、モックアップにして形として表現する。形に描くプロセスは、時間をかけたからと言って出てくるものではない。

トランジスタのライセンスは、ソニーよりもNTTの研究所や富士通や、日本電気や東芝の方が早く手に入れていた。ソニーが先にできたのはトップが「ポケットに入れて聞けるラジオ」というゴールの形を掲げ、開発部隊がこれを共有したから短期で成果を上げたのだ。先行していた大企業の研究所は、得てしてトップとはかけ離れた蛸壺のような存在で、これを使った応用分野のゴールを、ああでもない、こうでもないと、いじり腐し、論文は発表するが、ビジネスにはつながらないのが常なのだ。

中小企業だったソニーは、いわゆる〝北極星〟たるゴールのイメージをトップが明確化することで、組織が一丸となって進めることが成功する上での一番大事なこととしていた。ゴールの姿が明確になれば、新製品の核となる新しい技術や、最終商品を構成する世の中に無い部品や材料を先行して走らせることができる。

民生用テープレコーダ開発の時は、NHKがアメリカから輸入したばかりの業務用テープ式録音機を、井深が1日だけ借りてきて録音再生を実演して全員にゴールの形を具体的に見せた。最近では目指す形のモックアップを素早く作って全員が最終商品イメージを共有する。

2）プロジェクトの成否は誰をリーダーに選ぶかで決まる。

井深が、NASAや新幹線プロジェクトの成功要因を好奇心で直接訪問して御用聞きスタンスで調べたとき、成功要因はメンバーの技量よりも、ほぼ100点満点の人を探し出して責任者につけたことが最大のポイントだと分かった。

リーダーがメンバーの平均点のレベルの人であれば、うまくいかない。逆にメンバーが平均点以下の30点の人ばかりであっても、リーダーに100点満点の人を置けばプロジェクトは成功する。ソニーの中央研究所の新任所長を外部から招聘した時に、研究開発担当役員の岩間が新任所長に、「研究所で新たにプロジェクトをスタートさせるとき、リーダーを誰にするかは、必ず相談しろ。研究開発エンジニア能力については、人事よりも自分の方がはるかに詳しく知っているから」とアドバイスしている。

当時のソニーの経営陣は、自分の会社にいるリーダークラスの研究者の人となりについては、人事よりも詳しく知っているのでプロジェクトチームの成功確率が高くなるのだ。長たるものは、誰を責任者にするかは、人事まかせではなく、トップ自身の仕事として果たすべきだというのが井深のポリシィだ。

3）3つの制約を1点に絞り開発の不確実性をカバーする

優等生的なリーダーがしばしば失敗するのは、教科書的な完璧さをプロジェクトに要求するからである。通常、開発プロジェクトは、スケジュールとマンパワーと予算（コスト）の3つで縛られる。予算を使いこんでしまったら今期はこれでおしまい、また来期の予算が出てから頑張りましょうと、いつまでも完成できないということになりがちだ。

井深が主導するプロジェクトでは、最短スケジュールの納期Dの1点だけに制約は絞られる。これ以外のマンパワーや予算は上限なしのフリーで、トップが責任もって必要とするマンパワーや予算を増やす。だから、プロジェクト全体のイベントを最短スケジュールで構築できるのだ。

プロジェクトメンバーを送り出している専門部署（研究所や開発部や生産技術部や品質管理部や資材部や営業部門などを井深は母港とよんだ）でも、よりリスクを減らす、別のやり方を研究してプロジェクトに提案する支援を積極的にやらせた。

人手が足りない時は、母港の専門部署の応援や、多くの外部部品メーカーや下請け先の技術陣を巻き込むことで解決していった。開発は多岐にわたる専門技術者を巻き込まなければ出来ないので、秘密を守る為に社内人材のみで開発するというのでは遅々としてタイミングを逸する。

〈図１　F－CAPSシステムのプレゼン掛図〉

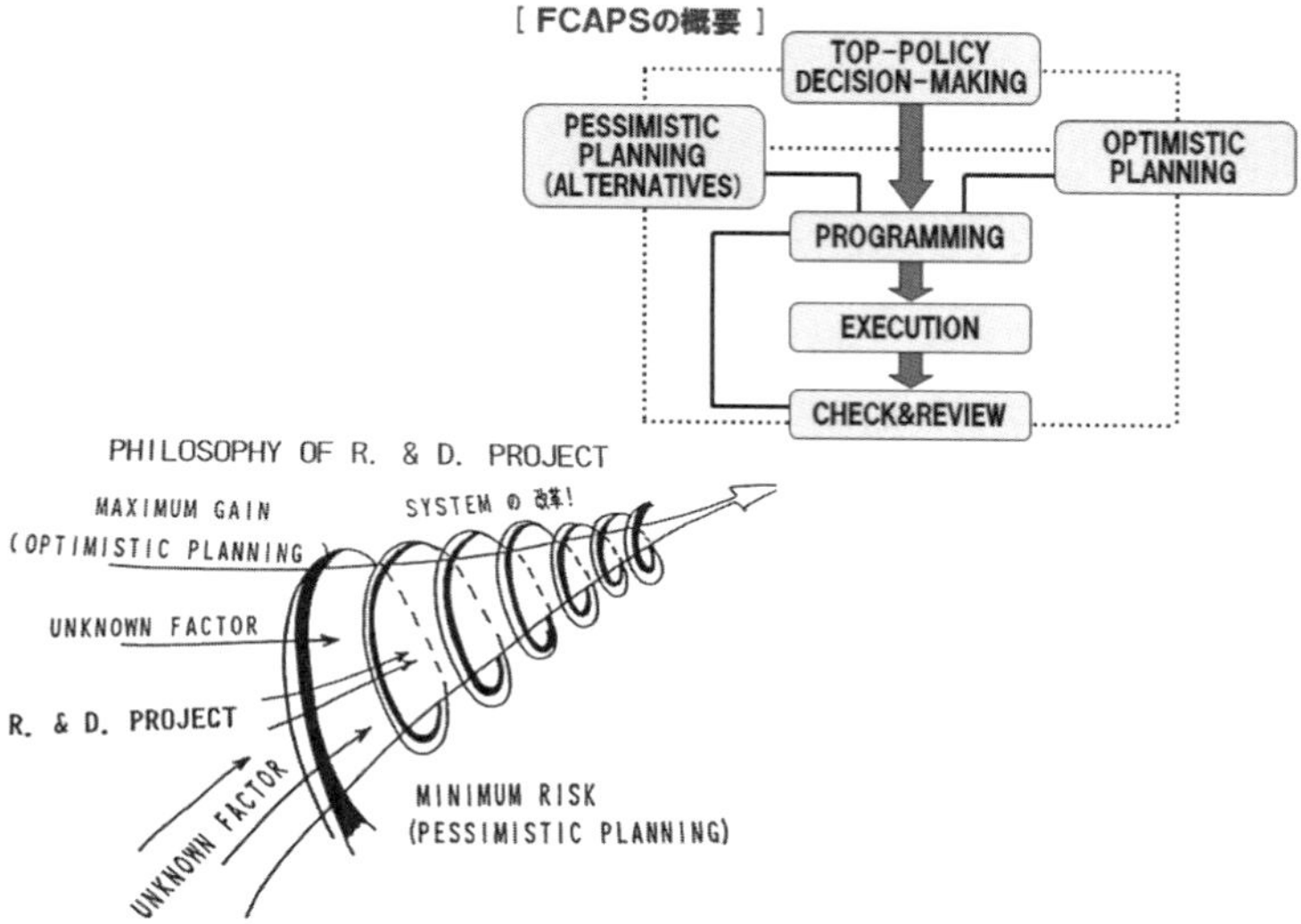

リーダーが責任持って、超過する予算や必要な研究人員を調達し、パラレルに開発を進めるという仕組みが、新規半導体の一発完動や新製品組立てラインでの垂直立ち上げを可能にした。こうした科学的なリスクヘッジの裏付けがあったから、短期間で世界の人々のライフスタイルを変える画期的新製品がソニーから次々と生まれたのだ。井深は1970年の発表でこのやり方を「FCAPS」と名付けた。

掛図のフローチャートの右側が、例えば新規半導体の一発完動や、新製品組立てラインでの垂直立ち上げなど、確率的に難しいが、楽観的にみれば最短となるアイテムごとのスケジュールターゲットを決める。フローチャートの左側は、この右側の最短スケジュールの達成を可能とするあらゆる方法を並行して走らせる保険を掛け、早くできたものを採用する。

たとえばブラウン管の中に入れる強度を保つフレームなどは、シェルボンド、ロストワックス、リム溶接、パイプ溶接、板金成形など5通りのやり方をパラレルにすすめ、一番早くできたパイプ溶接フレームを採用というやり方である。リスクミニマムとする保険をかけて最短を実現するのである。

トップ自らが、使われずに試作費用のみの支払いに終わる場合もあると部品メーカーに説明し、後で問題が起こらないように承知してもらっていた。

4）トップによる技術の良し悪しを見抜く目利きが大事
―感性を磨くことはトップに課せられた宿命―

不確実性がある開発では、担当者はうまく行かない場合でも、もう少し時間をくださいと引き伸ばし、土壇場にならないと上司に報告しないものである。だから問題が起こりそうなところにはリーダーが初期から参画して、筋が悪いと見抜けば直ぐに打ち切り宣言をして、ダラダラと時間を空費することを防ぐ。

スケジュールが最も遅れている部門にリーダーがテコ入れして、最も進んでいる部門にあわせる。人、場所、予算の配分を思い切ってやり、最早スケジュールを守る。

使う機能部品ごとに小型化、高性能のイノベーションが計画されるが、必ずしもコストや機能が満足いくものが得られず、うまく行かないことも多々起こる。だから直ぐに他の代替品で対応できるフレキシブルさが盛り込めなければ、世界初の栄誉と高い収益は得られない。

開発過程では予断を許さないことが続出するのでフレキシブル・コントロール&プログラミングシステムへの配慮はマスト条件だ。

ある意味でプロジェクトリーダーの主たる役割は、日々起こるこうした不確実性についてそれぞれＡＢＣ評価をして、Ａランクのものはフレキシブルに別のやり方を並行して走らせて、保険を掛ける対応によって、片方がダメだったとしても全体のスケジュールを守ることができる。

5）一気呵成に事を運ぶため携わる多くの人に参加してもらう

当時の電気業界で一般化している研究開発の進め方は、研究開発部門で4台ぐらいの原理試作機を造って、そのうちの1台が、期待通りの動作を確認できれば研究開発フェイズが終了し、図面とともに、動作を確認できる試作機が設計部門に移管される。移管された設計部門では、大量生産できるように量産設計図面が作成され部品発注して、10数台の試作機が製作されて、評価され、修正箇所等が明らかになって図面が修正される。

この試作サイクルは、2回又は3回行われて試作完成品は広告宣伝用検討用のサンプルや安全規格取得用サンプルやサービス修理検討サンプルや、さらには量産工場で大量生産を可能とする製造設備等の検討用サンプルなどに使われて、改善内容を盛り込んだ最終的な量産設計図面と仕様書とサンプルが作られて、製造部門に送られる。量産工場では生産技術設備等が検討されて生産ライン設備が完成して、量産に入る。

研究開発部門、事業部設計部門、製造部門と、製品の図面と仕様書とサンプルが、3つの部門に順送りに伝達され、従事するメンバーも変わるから、研究開発から発売まで、部門間を順送りでやっている限り数年かかるのが当時の業界の常識であった。

井深は、開発プロジェクトのメンバーに当初から量産設計部門、製造部門、販売部門、サービス修理部門などの母港からスタッフをプロジェクトに送り込み、一人のリーダーの指揮の元、同じメンバーで、モノ中心に、研究フェイズ、開発フェイズ、量産設計フェイズ、製造フェイズ、発売フェイズへと一気に進めるやり方をとった。

売れる技術とは技術の新しさと同時に、量を作らなければいけない。だから、一人のプロジェクトリーダーの指揮の下で、製品の開発と平行して量産装置も広告宣伝も、同じ次元でパラレルに進めたのだ。もちろん各フェイズに必要な能力は異なってくるので、フェイズごとに母港から人材を加えたり、引き揚げてもらうことは必要だ。

プロジェクトが成功し終わるとスタッフは解散となって母港の職場に戻っていく。こうした横串で開発プロジェクトが機能するやり方を取って、井深がプロデューサーとして多くのプロジェクトリーダーを育て、短期間に数々の世界初の新製品を世に送り出したのである。

こうした経験をした人々が次世代のリーダーとなって受継ぐさまをみて、井深は「新製品が人を育てる」と言ってきたのである。

6）人手不足は燃える集団化で精鋭となり補える。

新規に立ち上げたプロジェクトは人手不足が付きものだ。会社が人手を増やしてくれないから、スケジュールは遅れますと、すぐあきらめる人はまずリーダーとして失格である。

メンバーには、いわゆる「出来る人」ばかりで構成されてはいない。「出来る人」は、あちこちで使いたいと引っ張り凧だし、トップや人事の威の力を借りて、他の組織から、出来る人を出せと命令しても、出てくるのは「出したい人」ばかりとなるのはどの会社も同じだ。

その出来る、出来ない、を補うには、出来ないといわれた人に、「新製品が世に出た暁にはこんなインパクトを世に与え、これにあなたが携わるのです」とトップ自らがプロジェクトの社会的意義を説得して、本気になって仕事してもらえば、人手不足に困らなくなるというのが井深の経験だ。

しかも燃える集団と化したプロジェクトは、これまで乗り越えられなかった技術の壁も、奇跡のように解決するツキを招くという現象があると経験から信じている。井深はこうしたリーダーのアプローチを「説得工学」と名前を付けている。

人間には、怠けたい、快楽にふけりたい、楽をしたいといった「肉体的な欲求」と、世のため人のために仕事を通じて役に立ちたいと言う「良心的な欲求」の2つが並存している。

目標がなく、怠け、快楽にひたる生活を送っていた人が、ひとたび携わっている仕事が、世のため、人のために役に立つと言う情報が与えられると、「良心的な欲求」に火が付いて、寝食を忘れて仕事に没頭するようになる。だから社員の心が前向き、積極的状態となるようにするのがリーダーの一番の役割と井深は信じている。

社長は、あくまでも企業本来の使命遂行に徹するべきである。危機に際して、社長がネクラであれば社員の心は前向き積極的にはなれず業績は上向かない。仕事をし、会社を栄えさすのは社員なのだから、どんな時でもトップが社員の不安を払拭させ、仕事に専念する環境を整えることが組織の創造性発揮には何より大切なのだ。

この一例として、厚木工場での井深講話がトランジスタ娘たちの心を炎上させた例がある。

厚木工場長をやった小林一三元ソニー取締役の書いた『**ソニーの創造経営**』から抜粋する。

「ソニーが、世界最初のトランジスタ・テレビの生産に苦しんでいたとき、そのための高周波トランジスタの量産に苦闘している厚木工場で、井深社長は全社員に話をした。世界中の電気会社がトランジスタ・テレビの商品化を不可能と考えている状況、どうしてもソニーがこの道をきり拓かねばならぬ運命をじゅんじゅんと説いてのち、自分は断固としてこれを遂行する決意であり、もしみなさんがソニーをかわいがってくださるなら、苦しいだろうががんばってほしい」といった。

その言葉には社員の愛社心や興奮を、とうぜんのこととして要求するような、高びしゃな態度はひとかけらもなかった。だからこそ工場長を含めて、15歳の女の子たちにも、掃除のおばさんたちにも、すべての工場社員の心に火が燃えついたのである。

ただ手足を動かしていればいいのだというような人の使いかたをされていたのでは、実感の湧くはずがない。お客さんにたいへん迷惑をかけている、どうしたらいいだろう、というような情報が与えられ、真剣な問いかけが行なわれれば、彼らの心のなかに、品質に挑戦する〝旗〟が、利害を超越して高だかと輝きだす。人間理解が管理者にあるとき、彼は部下に対して、状況を伝えずにいられないのである」

井深の会社での語り口は、決して聞き手を強制するような語り方はせず、「この窮状をみて、皆さんが共鳴していただけるのならば、どうか一肌脱いで頑張っていただけませんでしょうか」という、あくまでも信者の自発性を促す教会の牧師のような言い回しをする。これは、若き日に教会学校の教師として子供たちに教えていた経験がもとになっているように思える。

井深の厚木工場での講話を聞いたトランジスタ生産の現場で働く一人の若い女子社員が、歩留まり改善のために立ち上がってくれ、窮状を救ってくれた後日談があった。

当時のソニーの厚木工場のトランジスタ生産は、手先の器用な地方の中学校を卒業して集団就職し上京してきた少女たちに支えられた労働集約型産業で、午前勤務者と午後勤務者の２直交代制だった。

午前勤務のトランジスタの前工程を担当する一人の少女は、勤務が終わった後、職場に残り、自分が従事している前工程の条件と、後工程でのトランジスタ完成品の不良データを毎日調べ記録し、後工程の不良に影響を与える前工程の条件を独力で調べあげて分析して、後工程の不良を減らす前工程の条件を見つけたのだった。

これを工程管理をしている男性技術者に教えたが、技術にプライドを持つ男性技術者たちは、当初は少女のいうことを無視していた。しかし、あまりしつこく言ってくるので、ある日のこと一人の技術者が試みに少女のいう条件でやったみたところ、これまで歩留まりが数％しかなかったのが、２ケタの歩留まりに改善する事を発見した。

この結果、多くの競合他社が歩留りに苦戦するなかで、厚木工場のトランジスタ生産だけが良好な歩留りで生産できるようになって、余裕の出来た分は他社にも外販して収益が大幅に向上した。

井深はこの話を聞いて感激して、少女を表彰して社内報に載せるように工場長に指示したところ、現場の管理職たちから、他社が歩留まりが悪く作れないで苦戦しているなかで、歩留まり改善の条件を見つけた少女の名前を出すと、他社がスカウトする恐れがあるので、名前を出して表彰することは大反対と言ってきた。

マル秘のはずの各社の社内報は、競合各社間で、アンダーグラウンドで読まれていることは業界ではよくあることだったのだ。

第7章

生涯を通して実践した社会貢献

1 51歳・1959年／小学校に理科教育振興資金の供与を始める

井深は世のため、後世の人々のために、種につなぐ社会貢献を会社の経営が軌道に乗ったら実行しようと、東通工の会社設立目的に「国民科学知識の実際的啓蒙活動」と記したことを忘れてはいなかった。

1950年（昭和25）に日本初のテープレコーダを発売して8年が経過すると、全国の3分の1の小学校で採用され、生産が需要に追い付かないほどであった。テープレコーダによって、東通工の経営が安定し将来の開発投資資金を留保できるようになったとき、小中学校に報いるべく趣意書の啓蒙活動を実行しようと井深は決意した。

井深は、戦後10数年を経ても、地方都市の小中学校は未だ科学的雰囲気を浸透させるまでに至っていないことを痛感して、日本を再興するためには科学教育振興から始めようと、まず小学校に理科教育振興資金を贈呈することにした。

井深は安城尋常小学校時代に、理科教育で担任の杉浦先生から習ったおかげで自分が科学的興味を持ち創造力豊かな人に育ったことは忘れていなかった。

仙台工場新設時に見学の案内をしてくれた旧知の茅誠司氏が東京大学の総長に就任されたと聞き東京大学に出向いた。そこで、これからの日本を支える小学生に理科に興味を持つ教育を振興させる活動に協力してほしいと井深がお願いしたところ、茅誠司総長は快諾してくれた。

小学校が、独自に理科実験装置など独創的に工夫してやっている研究授業などを表彰しようとしたところ、文部省側は、「これまでの理科教育の枠の中からはみ出さない理科教育研究内容に限る」という方針だったため、間に入った茅誠司総長が井深の方針に賛成してくれて話が付いた。

1959年（昭和34）1月28日の朝日新聞全国紙に、「全国の小学校PTAの皆様へ」との全面広告を「ソニー小学校理科教育振興資金」の名前で掲載した。全国の小学校から楽しく理科教育を実施している報告や、計画案のレポートを提出してもらい、茅誠司学長らの審査員が、現地視察を行って15校を選んだ。1席百万円、2席50万円、3席10万円を小学校の理科教育資金として贈呈する事業が始まった。

第1回の募集では全国454校が応募した。企業の利益を世のために還元する活動としてマスコミでも取り上げられ話題となって、回を重ねるごとに反響が広がり、2年後には振興資金の対象を中学校にまで広げるようになった。

井深も、理科教育振興資金を贈呈された学校を見て回った。同じ理科でも小学校1、2年の早期に素晴らしい先生から理科教育の授業を受けると創造力がグングン伸びると聞かされ、より早い幼児期から適切な先生による教育をスタートさせなければいけないことに気付かされた。

2　54歳・1962年／心身障碍者施設運営のすぎな会を立ち上げる

井深は、生涯の師と仰いでいた山本忠興の生き方、「望むところを確信し、まだ見ぬものを真実とする」（ヘブル書11章1節）と、同じ生き方をしようと決心していた。

１９５８年（昭和33年）は井深が代表取締役社長に就任して、社名を東通工からソニーに変更した年で、世界初のＦＭ２バンドトランジスタラジオを発売した多忙な年でもあった。

すでに民生用で初のテープレコーダや、携帯型トランジスタラジオといった世間では、まだ見たことが無かった商品を、手の届く値段で提供するソニーという華々しい企業の創業者という顔の他に、心身障碍児のための社会事業家としての活動についても熱心に進めていた。

昭和15年にさずかった次女は幼い時、とても頭がよく発明好きで、歌も覚えが早かった。しかし小学校に通い始めた時、家に帰ってこず、警察から保護されて初めて次女の様子がおかしいと気付いて医者に診断してもらったところ、発達障碍があることがわかったという。

東京目白の尾張徳川家の徳川義親邸内に設けられた年齢制限のない心身障碍児の施設「旭出学園」は、障碍児教育の第一人者と言われた元東大教授の三木安正先生が、徳川家からの依頼で立ち上げ、1950年（昭和25）開園した施設であった。

1955年（昭和30）に併設の寮が発足し障碍児も、生活寮を中心とした24時間教育により、昼間は人として働きながら、一生を通して、仕事を身に着け、目的を持った生活をすることで、入園者の力を伸ばす施設であった。旭出学園の開寮と同時に、井深の次女も入所して生活することとなった。

次女がお世話になっていた旭出学園から、同じような娘を持つパール・バックが書いた「母よ嘆くなかれ」の本をもらって、その中で著者が医者から娘の診断を宣告された次の箇所を読んで旭出学園の理念を知ったという。

「このお嬢さんは決して治りません。知能の面で100人に一人ある幼児の水準以上に発育が困難な子供です。あなたは直る望みを捨て真実を受け入れるのが最善なのです。でなければ、あなたは命をすり減らし、家族の財産を使い果たしてしまうでしょう。

この子供さんは、あなたの全生涯を通し、あなたの重荷になるはずですが、あなたの全てを、お嬢さんが吸い取ってしまうようなことをさせてはいけません。お嬢さんが幸福に暮らせるところを探してください。そしてそこに子供さんを託して、あなたはあなたの生活をなさってください。私はあなたのために本当のことを申し上げているのです」

井深の次女が18歳になった1958年（昭和33年）に、新規に設けられた児童福祉法が施行されると、東京目白の年齢制限のない心身障碍児の施設「旭出学園」では、成人になれば心身障碍児は施設を出て、親が生活設計をして面倒を見なければならなくなる事態がおこった。

それまで施設では年齢制限なしで面倒を見てもらっていた障碍児が、成人になった途端、施設から追い出すという新たな児童福祉法の施行は、井深も含めて対象となる23名の親たちは憤りを感じた。

働いて日常の糧を稼がなければいけない親達の自宅に、自立の出来ない障碍児が戻っても、付添人を雇うことのできる資産家以外の家庭では引き受けられないのだ。

旭出学園の同じ境遇を持つ親たち23名が、井深をリーダーとして、このことについて語り合うようになった。井深は多忙を極めるソニーの社長であったが、20歳目前の次女のために、親が亡くなった後まで成人した障碍者の面倒を見てくれる年齢制限のない施設（コロニー）を作る為にリーダーとして立ち上がった。

井深は障碍児であっても、世間から隔離されるのではなく、昼間は社会とつながる仕事をして生きがいを持った生活ができる職住接近のコロニーを目指した。そして23名がお金を出し合って財団法人「すぎな会」を1962年（昭和37）6月に創設し会長となった。

だが施設の候補地を見つけそこに建設するまでの時間的猶予はなかった。施設の適地が見つかるまでの間、井深が社長を務めていたソニーの高輪にある旧社員寮を一時的に借りることにした。

同年、高輪に次女を含む23名を収容して昼間はソニー製品の取扱説明書を折って袋詰めをする軽作業等を行って社会に参加しながら生活するコロニーがスタートした。

寮の運営は、旭出学園に勤務していた熱心な河村夫妻をスカウトして舎監と寮母をお願いした。井深と同様、成人になっていた発達障碍の2児を抱えていた竹下博は、多年の会社勤めを投げ打って「すぎな会」常務理事として専従してくれた。

婦人公論の１９６２年（昭和37）12月号に当時の井深の心境を語った次の記事がある。

「心身障碍児の子一人一人が独立して生活する事はできない。それならば皆が団結して、永遠のコロニーを作ろう。まず自分たちの力でやれるところまでやろう。事業をするうえで良き協力者、友人を多く持つことができた。

しかしそれにも増して得難い多くの友情を、この同じ悩みを持つ父母たちの中に見出したことは貴重な体験であった。多くの同じ悩みを持つ人々と人間的触れ合いをすることができたことを豊かだと思う。次女は私の生涯の十字架であると同時に私の生涯の光であった」

その後、厚木市郊外の４００坪の土地が手に入り、施設が完成して１９６４年12月に、高輪から30名が厚木に移転した。新たな仕事としては新建材のサンプル作り、フイルムラップ箱にカット刃装着作業、経木の弁当箱作りを受注した。障碍児が働きながら自活の道を付けるコロニー専門施設が日本で初めて厚木の地に誕生した。3年後には収容人員が100名を超え、その後も施設入所希望者が絶えず拡張もままならないほどであった。

3 61歳・1969年／幼児開発協会を設立

1968年、井深がトリニトロンカラーテレビを発売して翌年の一息ついた時に、理科振興活動の延長線上で井深を会長とする幼児開発協会が1969年創設した。

井深が幼稚園児だったころ、母は将来、父のように立派な技術者にしようと、幼稚園が休みの日には上野の博物館や博覧会に連れて行って、科学への興味をかき立てさせてくれた。

「三つ児の魂」ではないが、子どもの興味を築き上げる教育法をとらなければ身に付かないことを気付かされたのは、バイオリンの早期才能教育で著名な鈴木鎮一先生との出会いがあったからだった。

バイオリンを習わせたいと親たちの意思で子供を鈴木バイオリン教室に連れてくるけれども、鈴木先生は、決して生徒にすぐにはバイオリンを触れさせない。最初の３カ月間は、他の子が引いているのをひたすら見聞きさせるだけ。

すると練習曲などが繰り返し頭に入って曲を覚えるようになる。その段階に達すると子供たちは、親の意思ではなく自分の意思で弾きたいと思うようになる。そこで初めてバイオリンを渡す。するとバイオリンを弾こうとしても音がでず、どうやって音を出せるようにできるかを子ども自身が必死になって覚えようとするという。

曲も頭に焼き付いていない段階で、バイオリンを渡して弾くテクニックをいくら説明したり強要しても拒絶反応し、二度とバイオリンを触りたくないという結末となるのは目に見えているという。

３歳の幼児でさえも、自分自身で自分の興味を築き上げさせるというのが真の教育の本質であると、井深は自身の5、6歳の時の母親の教育からも確信を持った。

この経験から、教育のスタート時期はより小さなときから始めなければならないというキャンペーンを幼児教育振興活動の中でも取り入れた。

井深の親友であった本田宗一郎は、親から教えてもらった唯一の遺産だといって次のように語った。「この世で大切なものは、お金でもなければ、地位でもない。『他人に迷惑をかけないこと』これが一番大事なことなんだ」と、ことあるごとに幼い本田宗一郎に親が語りかけてたという。

本田技研を創業すると、お客のクレームに対しては真剣に応じ、誠意をもって仕事をするという社風を作り上げた。

本田は「昔の学校での道徳教育で、二宮尊徳になるとか、お釈迦様になるとか、非の打ちどころのない人間に仕立て上げようとしたって、人間であれば、夜になれば酒も飲みたいし、芸者遊びをして女房には嘘もつきたいのが本性なのだから、無駄な教育だ。それよりも各人が一番得意なものに全精力を打ち込んで、自分の欠陥は、人に補ってもらいながら、世のために尽くすという人生を送るようにというのが子供の教育の基本とするべきだ」と井深に語ったことがある。

「他人に迷惑をかけない生き方」は、江戸時代から寺子屋で教えていた南宋の朱子が書いた8歳から14歳までの児童を教える書である「小学」によるものである。清掃、応対、作法などの具体的実習を基本として、将来、社会人としての資質を子供たちに備えさすように配慮された書である。本田宗一郎は親から、このことだけを学んだという。

1969年（昭和44）当時、1月に全共闘の学生たちが東大安田講堂を占拠し、機動隊との攻防戦で火炎瓶や鉄棒をもって荒れ狂う様がテレビで中継された。その後も同様な学園紛争が全国的に起きて大学での授業が1年間ストップした時代があった。

井深は、このような暴力学生を生んだ背景には、江戸時代以来続いていた、日本人が子供を育てるとき、貧富に関係なく、「他人に迷惑をかけない人間となること」をしつけの基本としたことが、戦後教育では放棄されたからだと考えた。

他人を出し抜いて、一流大学を出て、一流企業や官公庁に就職することのみに価値観を植え付け、このコースから外れた大多数の人間に劣等感を与える、これらは戦後教育制度に起因すると井深は考えた。

一部の学生はひたすら有名学校を目指して、入るための塾通いをし、大勢の落ちこぼれ生徒は無視された。この結果が昭和44年前後に荒れ狂った全国的な学園紛争につながったのだと井深は言う。

井深はこれを修復するための方策として、かつての日本で育まれた子供時代に他人に迷惑をかけない生き方を教える。どの子にも同じような能力開発の機会を与える。

井深は幼児教育の必要性を痛感し、幼児開発協会を設立、理事長に就任し、人に迷惑をかけない心を持つ人に育てる社会とする活動を始めたのだった。

井深は、「従来は多くの人たちが胎児や新生児には意識もなければ感覚もないと考えてきた。しかし最近ではお腹の中の胎児、あるいは生まれてすぐの新生児の能力は非常に高いものがあることがわかってきた。胎児にはアメーバーから人類に至るまでの遺伝子を受け継いでいる本能的なものを持っている。

たとえばフランスやソ連の一部では、海の中でお産をする人口はばかにならないほどたくさんいます。そうしますと1か月や2ヶ月のうちに泳げて5分ぐらいは水の中に入ったままで出てこなくても大丈夫だという。（胎細胞の発達過程の）イルカや両生類の時代に持っていた、泳ぐという遺伝を中断せず続けていったらすごい教育効果が出てくる。

また生まれた直ぐの赤ちゃんで、まだ生んだお母さんとも対面しない段階で、生んだお母さんの写真と他の女性の写真4枚並べて赤ちゃんに見せると、どの赤ちゃんも、間違いなくお母さんの写真しか見ないという結果がほとんど例外なしに出る。超能力的な能力を胎児は受継いでいるというのが私の解釈です」と語っている。

4　65歳・1973年／鹿沼市に心身障碍者施設「希望の家」を立ち上げる

厚木の「すぎな会」に娘を託していた栃木県鹿沼市で農業を営む広田文夫は、所有地の1部2万㎡（6000坪）を「すぎな会」に提供すると申し出てくれた。井深は生まれ故郷の日光が良質の木材を産するところで、同じ栃木県に施設を作れば心身障碍児でもできる木工関係の仕事ができる。今後さらに増加する施設の入所者が暮らすうえで、広い敷地が手に入る鹿沼は最適な所と考えて、「すぎな会」を栃木県鹿沼に移転しようと「すぎな会」会員に提案した。

ところが一部の父母から、息子や娘が遠くに移転することには反対との声が上がったため、井深は厚木の「すぎな会」はそのままにして、鹿沼の地に新たに社会福祉法人「希望の家」を1973年設立することとし、河村夫妻に「希望の家」の理事をお願いした。そして栃木県鹿沼市の広田文夫所有地6500㎡（約2000坪）の敷地の中に日光で取れる杉を材料とした木製のオーディオラックを生産するための作業棟が建設され、次女と広田文夫の娘も、新設した「希望の家」に移ることとなった。

作業棟は、のちに木製のステレオスピーカーを生産するようになり、1981年、障碍児が健常者と一緒になって働くソニーの特例子会社「希望工業（株）」に発展した。

5　67～71歳・１９７５～79年／身障者雇用促進法に基づく特例子会社「ソニー・太陽」完成

１９７３年に、別府に住む医師、中村祐氏がソニー本社を訪れ、社長の井深に設立7年目の身体障碍児の授産施設「太陽の家」にソニーの仕事を回してほしいと依頼された。井深は「希望の家」の設立直後だったため、すぐには対応できなかった。

先に京都のオムロンが別府に「オムロン太陽電機」を設立したが、その後、１９７５年ごろ、「太陽の家」の10坪の作業場をソニーが借りて、「特機科ソニー」として入所者17名による中波専用のトランジスタラジオの組立を開始した。

１９７８年には太陽の家と井深個人で31％、ソニー19％の共同出資で（株）サン・インダストリーを設立し、その後１９７９年9月には3階建て２４００㎡の建屋が完成し、これが身障者雇用促進法に基づく特例子会社「ソニー・太陽（株）」会長井深大、社長中村裕、社員数１００名弱に発展した。

ソニーと太陽の間に「・」が入る名前は、通常のソニーの子会社ではないことを意味する。これはソニー本社総務の苦心のたまものだ。

井深は１９７６年68歳の時に、代表権を持つソニー会長を辞し、ソニーの経営を盛田会長に委ねたが、障碍児が給与を貰って自立できる職住接近の工場であるソニーの子会社の栃木県の希望工業（株）と大分県のソニー・太陽（株）だけは井深自らが非常勤の会長として継続させてもらった。

井深は次女が、成人になると旭出学園を出なければならないという個人的な危機に対して、同じ境遇の父兄たちと話し合いを通じて、日本に心身障碍児が年齢制限なく施設で自活できるコロニー建設という終着点をズバッと描き切って、これを実現するために、同じ境遇を持つ親たちとの絆を固め、それぞれの家の事情に応じた資金を出し合って、年齢制限のないコロニーを実現した。そしてこれを身障者雇用促進法に基づく特例子会社にまで発展させた。

井深がソニー社長という重責を抱えながら、心身障碍児が社員として働き自活できる授産施設を兼ねた工場を作るところまで突き進んだのも、身内に起こった問題について、同じ悩みを抱えている人たちを結集して、社会福祉政策上の「望む所を確信して、まだ見ぬ物を真実とする」真の人間の生き方を優先させた結果であった。

一人の苦しみは、みんなの苦しみでもあり、問題意識を持った人が立ち上がることで人類社会の文化が引き継がれ豊かになることを身をもって井深は実践したのだ。

6 70歳・1978年／ウオークマンの原型を発案

井深は、日本にステレオ音楽を持ち込んだ先駆者であって、オーディオ協会発起人の一人である。井深がソニー会長であった1970年代に日本から欧米に行くには、長時間、航空機に乗らなければならず、当時の機内設備には、音楽を視聴するサービスは無かった。

井深が講演等で海外出張するときには、機内に好きな音楽を録音してあるカセットテープ数巻とテープレコーダを持ち込んで、ヘッドホン通して音楽を楽しんでいた。しかし持参していたテープレコーダＴＣ－Ｄ５「愛称デンスケ」の重さが１・７ｋｇあり、ヘッドホンが０・３ｋｇと合わせて２ｋｇを機内に持ち込むたびに、この重さに不満をもっていた。

井深が代表権を盛田昭夫に返上して名誉会長となった翌年１９７７年にソニーから片手で握ってモノラルの録音再生操作ができるマイクとスピーカー内蔵の報道用の軽量０・４ｋｇの小型テープレコーダ「愛称プレスマン」が発売された。

井深は１９７８年の講演等での海外出張予定日の数か月前に、当時社長をしていた大賀典雄の部屋を訪ねて、新発売のプレスマンにステレオ再生機能を付けたものを、次の出張までに用意してくれないかと依頼した。大賀はすぐに、芝浦工場の大曾根録音機部長に電話して井深の出張に間に合わせて用意するように指示した。

約束通り井深は重さが３分の１となった再生専用の改造プレスマン０・４ｋｇを受け取って、出張時に持参のステレオ音楽テープを機内で再生しヘッドホンで聞いたところ、あまりの素晴らしさに井深は感動した。

帰国するや、盛田会長の部屋に、改造プレスマンをもって訪れ、盛田会長に聞かせ、２人で感動を共有したのだった。

盛田会長が自宅等で使ってみた結果、家を出て屋外でもステレオ音楽を楽しめる素晴らしさを改めて確認したが、本体と同じ容積と重さのヘッド・フォンの難点を井深に指摘すると、井深はすかさず、芝浦の技術研究所で一桁軽い50ｇの極小ヘッドフォン（愛称ヘアー）を開発していることを盛田に教えてこれを使うことを盛田に勧めた。

盛田は、若者が恋人と一緒に音楽を楽しめるようにヘッドフォンジャックを２か所、新たに設け、夏休み前の7月に発売して、値段もソニー33周年に発売するから３万３０００円、生産台数は月産３万台とするように録音機事業部となっていた大曾根事業部長にトップダウンで指示した。

しかし、盛田会長から命じられた録音機事業部も、販売する営業部隊も、ステレオ音楽の再生だけで、３万円以上する録音機能のないテープレコーダが、月に３万台売れると思った者はだれ一人としていなかった。売れると思っているのは井深と盛田会長の２

人だけ。事業部と製造を統括する大賀社長は知らんふりを決め込んでいた。

当時の事業部の評価は利益貢献で評価される。いくら盛田会長の指示通りに月産3万台で生産しましたといって、売れなかった場合には事業部は赤字となって、非難されるのは事業部長だけ。

そこで事業部は、リスクのある3万台の生産はしないで、話半分の1・5万台で生産計画をこっそり決めたのであった。

いざウオークマンが発売となったら、最初は動きが悪かったが、営業や企画部門の若手社員が盛り場に出向いて、これ見よがしにウォークマンのデモンストレーションをしたことが功を奏して、すぐに在庫は底をついて品切れが続出。品不足がさらに評判を呼んで、ウオークマンの需要は若者の間に炎上したのであった。

以後、ウオークマンは世界の誰もが欲しがる憧れのものとなり、日本の出先大使館を初め、海外進出をしていた日本の大半の企業が、コストパフォーマンス良い最強の贈答品として、日本で調達して現地に送られ、現地要人への贈答品としてもてはやされた時代が続いたという。

井深70歳、盛田56歳の２人がトップダウンで、世界の若者を熱狂させたウオークマンが誕生したのであった。

7　76歳・１９８４年／増税なき財政再建を目指す土光臨調を応援

井深と本田技研の創設者・本田宗一郎は、親友以上の親しい間柄であった。社会貢献については、お互いが頼んだことについて絶対に断らないという親友間の約束がいつの間にかできていた。

ソニーが始めた理科教育振興基金の役員や、幼児開発協会の理事や、大分県の太陽の家に仕事をいれることも本田が引き受けている。

また本田が始めた　国際交通安全学会の理事や、本田から頼まれて日本プロゴルフ協会の理事、や日本ボーイスカウト日本連盟理事長も井深が引き受けた。

本田は土光臨調の「増税なき財政再建」に共鳴して、民間の立場でこれを応援する「行革推進全国フォーラム」の世話人を、井深を引き込んで2人で代表世話人として1984年から全国を行脚して「増税なき財再再建」の必要性を国民に訴える活動を始めた。

当時の国有鉄道は、政治家による「我田引鉄」、つまり自分の選挙区に国鉄の駅を政治的に引っ張り込むことが全国的に横行して破産的累積赤字を抱えていた。

行革推進全国フォーラムで井深は次のことを指摘した話をした。

「十河信二さんが国鉄の総裁だったころは利益が出ていた。その後、減価償却をきちんとやっていれば、今の何兆円もの赤字が積み重ねるようなことはならなかったはずだ。今のように、国家予算の伸び率が、GNPの伸び率を上回ることが毎年続いて国の予算が毎年膨らんでいくことが続いていけば、(国家財政が)国鉄と同じ羽目になってしまう。

昭和40年代に戦後復興が見事達成され、福祉とか教育にお金を使えるようになり、素晴らしくなった日本をそのまま次世代に伝えられるかが大問題。働くことがアホらしくなる心配がある。

要らないものは予算を少なくしていくという方向性を出さないと財政は再建できない。官僚統制の目からではなく皆が一所懸命働く気をおこすような目で予算を構築するべき。変えるには土光さんの力をもって行革をやるしかない。ほかの人じゃできっこない。この機会を逃したらという気持ちが、我々だけではなく国民全部が持ったんではないか」であった。

本田さんは引続き次のような話をした。

「企業はへたなことをすると倒産するからそろばんが入る。議会が官僚と一緒になって自分の仲間の安全保障から出発して『自分の得になればいい』ことだけやって国民だけがスカ食っているのが今の日本の姿。

『役人は偉いんだ』といって他人の敷地の中にパイプラインの図面を黙って引いておいて、いきなり立ち退けといってくれば誰だって怒る。民間の場合は、地主の所へ足を運んで、細かく説いて聞いてもらい、値段を聞いて、と大変な手間をかける。

役人は『汝らドケ。俺はこういう風にパイプラインを設計したんだ』という感覚。すべて役人は偉いんだという意識の上でやられている」

消えた年金問題にしろ、失業給付金の統計不正問題にしろ、その根っこには「俺たち偉い役人が決めたのだから黙って従え」という役人の昔からの潜在意識があるのは、本田さんの生きていた時代と変わっていないように思われる。

井深と本田は本業を共にリタイヤした後も、中曽根首相時代に、国鉄の民営化や国の在り方を変える土光臨調にも積極参画して可能なかぎり小さな政府を求めて行革推進全国フォーラムを全国各地で主催して、補助金、許認可、定員を現状より少しでも少なくしていくことを、応援したのである。

井深の信条である「望む所を確信し、見ぬ物を真実とする」のは、国鉄民営化ばかりでなく、すぐにできる見通しがなくとも、小さな政府を作るためのロードマップを作り、子孫に実現をゆだねる内容も土光臨調に盛り込むべきであると井深は土光臨調の幹事、瀬島龍三に提言した。

しかし「出来る見通しが確実なものしか土光臨調では扱わない」と瀬島龍三に却下され、がっかりさせられたという。

8 80歳・1988年／JRスイカ誕生の仲介

井深は1987年（昭和62）79歳の時に、国鉄民営化直後の鉄道総合技術研究所の初代会長に就任。そこでやっていた電子切符の研究開発に興味を持った。

ソニーの研究所で宅配便の物流管理のため情報を無線で飛ばす非接触ICタグの研究開発を知っており、井深が会長を務める鉄道総合技術研究所でやっている電子切符に使えるのではと両者の共同研究を80歳の時に仲介した。

実用先と考えていたJR東日本が磁気カードに固執して、非接触は時期尚早と、見送られてしまったので、JR東日本に代わる、実用先を探さなければならなくなった。

その後、商社から、香港の交通事業者6社のジョイントベンチャーのクリエイティブ・スター社が、交通システムの入札を募っているとの情報が持たらされ、クリエイティブ・

スター社に応募することとなった。クリエイティブ・スター社の非接触カードへの要求は、1枚のICカードで6社のサービスが利用でき、共通の電子マネーとして買い物もでき、ポイントなどの各社が別々に読み書きできるデータ領域を持たせ、電池は内蔵しないというものであった。

1994年に共同研究した非接触ICカードシステム（ブランド名フェリカ）の採用が決まり、4年後の1997年に、香港地下鉄6社間で乗り降りできる「オクトパスカード」の実用化が始まった。

磁気カードに固執していたJR東日本は、香港で非接触ICカードが実用化されたこと知って、2001年JR東日本は、ICカード式乗車券、定期券の競争入札を行い、共同研究で確立したフェリカ技術を用いた香港の交通システムが評価され採用された。

2001年12月JR東日本スイカが本格的に稼働を開始した。その後、中国深圳、シンガポールなど非接触のフェリカ技術を用いたICカード式乗車券が次々と採用されてスイカやパスモといった非接触ICカードがアジアで普及したのだった。

9 81歳・1989年／東洋医学・ソニー脈診研究所所長となる

1989年81歳の時、脈診研究所（後に生命情報研究所と改名）をソニー内に作ってもらい所長となる。韓国からは脈診装置を開発した東洋医学の名医と言われる白先生を招へいし、東洋医学の研究だけでなく鍼灸治療もする診療所を併設したところに特徴がある。

気が体内を規則正しく循環しているかどうかをとらえる状態を表わしているのが「脈」である。漢方の名医が脈をとって病気の原因を診断するのは手首の動脈の寸、関、尺の位置に3本の指を当て、強くおさえた場合と、軽く当てた場合の2通りで、計6通りの情報を得て、左右の手首の情報を合わせた12通りの情報により体内各臓器の状態を診断する。診断の結果により、治療法として鍼、灸、マッサージ、漢方薬等につなげていく。

白先生は栃木県鹿沼市の「希望の家」を訪ね、当時個室にこもりがちだった井深の次女を東洋医学の脈診機で診察した。白先生は、彼女が服用していた精神安定剤のトランキライザーを止めさせて、漢方薬に切り替えたところ、こもっていた個室を出て、食堂の後片付けなどを積極的にやるように生活が改善する効果が表れたという。

1991年3月には、開発を進めていた脈波観測装置が厚生省から正式に認可を得る成果を上げた。最終的には、センサーで脈診して名医の判断経験を組み込んだAIソフトウエア等によって病気の自動診断ツール等の医療機器開発しようとしていた。

1992年4月井深は不整脈で倒れ、脳梗塞を併発した。病院では点滴の煩わしさもあり寝付けなかったので睡眠薬を毎晩1錠を飲みはじめたら、昼間も意識が混濁してきた。西洋医学の薬害の怖さを知る家族が、睡眠薬の量を8分の1に減量してもらうようにしたところ、井深の意識は正常に戻ったという。

井深がソニーの役職を退いた後に研究した東洋医学では、人の生は気の集まりであり、散ずれば死となる。永続する種（人類）としての気の存在と、個別の人間の心に住む気の関係を理解できれば生死の煩いを超越できるとしている。

第8章

エピローグ

1 再婚により安息の家庭を得る

井深は大学を卒業してＰＣＬで働き始めた3年目に、父親代わりに井深を気遣かってくれていた野村胡堂の媒酌で１９３６年（昭和11）、前田多門の次女と結婚。小田急線の東北沢駅近くに新居を構えて翌年長女が生まれ、１９４０年（昭和15）に次女が、１９４５年（昭和20）には長男がうまれ1男2女に恵まれた。

終戦直後には、前田多門の家は戦火で失ったため、東北沢の井深の家に義父の前田多門は次女と一時同居することになり、義父が文部大臣の職から公職追放されたのをきっかけに前田多門にソニーの前身の東通工初代社長をお願いすることとなった。

女子美術学校で絵を専攻した妻は社長業で多忙な井深に代わって、障碍のある次女の世話をせねばならず、仕事一筋の夫との会話も少なく、夫婦間に溝が生じることとなった。

１９５８（昭和33）年、長男が中学生のころ井深は別居を決意、当時目黒に住んでいた家族を置いて一人家を出て社長業に専念する生活を始めた。

井深が家を出て別居生活をしていたころに、東京で初恋の相手であった黒沢淑子と偶然に再会したことがあったと井深は自伝に記している。

一見堅物のように見える井深に、青春時代の初恋があったのは意外だった。

井深の初恋は井深が中学3年の時に祖父が亡くなって16歳の井深大が井深家の墓のある函館に行って納骨する際に、祖父の後妻で、井深と血のつながりのない後妻と親戚関係にあった4歳年下の札幌の北星女学校に通う黒沢淑子との出会いにあった。祖父の後妻は母サワの叔母にあたり黒沢淑子とも面識があった。

その後、井深は毎年夏休みになる度に、学費を援助してくれる祖父の妹が嫁いだ北海道の太刀川家に行き、時折、黒沢淑子の家で銀行勤めの父黒沢美徳にも会って親しくしてもらっていた。しかし、井深が大学を卒業して就職した後は、仕事に夢中となり、夏季休暇もなく北海道へはいかなくなって、過去の思い出だけになっていたという。

井深の自伝では、

「4つ違いなので幼い時から顔を合わせ、私にとって妹のように感じていた。生前母は『あなたは、あの人をお嫁さんにすれば、きっとうまくいく』といっていたことがあったが…当時私も一人前にはなっていなかった。そのうち彼女の方が先に結婚してしまった」と記している。

社長業をやっていた井深が、東京で初恋の相手であった黒沢淑子と偶然に再会した時のことについては、

「当時彼女はお姑さんにひどく虐げられているように見え私の心に同情心があったことは事実。一方私の方もやはり結婚生活がうまくいっておらず（別居しており）悩んでいた。丁度そのころ、アメリカから持ち込んだステレオ音楽の感動を分かち合おうと多方面の方々を招き試聴してもらっている時で、ステレオ音楽を試聴に来ないかとさそった。彼女とは昔から気も合い、そのころ同じような境遇に立たされたこともあり、私たちはすぐに意気投合した」

「その後、淑子の方は協議離婚が成立して、姑の住む家を出て、ソニーＰＣＬ（株）の

秘書の職を得て自活する道を進んだ」とある。

しかし井深の方は「前の家内がどうしても離婚を承諾してくれない。いくら家庭生活がうまくいっていないからといっても、好きな人が出来たから離婚して欲しいというのも、無理な話かも知らないが、私としては辛い日々であった」と記している。

1962年（昭和37）に義父の前田多門が亡くなった後、前田家側で中に入ってくれる人がいて、1965年（昭和40）に和解の上で離婚できるように取り計らってくれたという。翌年、井深57歳、淑子53歳にして晴れて初恋の人であった淑子と再婚できた。

東京都港区三田にあるマンションでの井深の家庭生活は井深にとって安息の場となった。自伝には、「妻は明るい性格で客の接待もうまい。表に出るのは嫌がるのだが、私が仕事の関係から人を家に連れて来ても、いやな顔ひとつせず応対してくれる。さらに、家庭づくりにおいても持ち前の陽気さを発揮して、私のコントロールも実に巧みで上手である。彼女の存在は大きい。そばにいるだけで心が満たされ、安らぐのである。今や彼女は公私両面においてなくてはならない最良パートナーである」と書かれている。

淑子夫人と井深の至福の家庭生活は29年間続いた。

2 大事な人に先立たれる

井深は、83歳の時に生涯の親友だった本田宗一郎が1991年8月死去し、その3年後の1994年（平成6）に最愛の淑子夫人に先立たれている。

1991年12月に書籍「わが友本田宗一郎」（1991年ごま書房刊）に次のような追悼の言葉を記載している。

「1991年8月5日、本田宗一郎さんが84歳の生涯を終えられました。本田さんは私が心より尊敬する先輩であり、また兄貴と慕うかたでした。お互いに本田技研工業最高顧問、ソニー名誉会長などという肩書抜きで40年の長きにわたって親しくお付き合いしてきました」

親友であった本田技研創業者の本田宗一郎の死去に際して、奥さんから次の話を聞いて、親友の夫婦愛について井深が感動した追悼話もあった。

「亡くなる2日前の真夜中に本田さんは奥様に、『自分を背負って病室の中を歩いてくれ』とおっしゃったそうです。（身長が本田さんより高く体格の上回る）奥様は、点滴の管をぶら下げた本田さんを背負い、病室の中をゆっくりと歩いて回ったそうです。…最後は『満足だった』という言葉を残して、（2日後に）あの世に旅立ったそうです。『これが本田宗一郎という人の本質であったか』と、とめどなく涙が流れたものです。

数年前、金沢から羽田まで、本田さんのヘリコプターで一緒に帰ってきた時、本田さんは『家内より先に死にたい』と繰り返しおっしゃっていました。外で（芸者遊びなど）好き勝手なことをやっていられたのも、本田さんがいつも奥様に心から甘え頼っていらっしゃったからでしょう。

…最後まで奥様に甘えることができ、感謝の言葉を残して去っていった本田さんは、ご本人も本望だったろうと思うのです」

本田さんが亡くなった翌年の1992年（平成4）春、井深は脳梗塞で倒れた。淑子夫人は看病などで忙しく立ち回っているさなか1994年（平成6）に急逝した。最愛の夫人に先立たれた。井深に先立つこと3年前のことであった。

3 井深の人生哲学

井深の生き方の思想は「望むところを確信して、未だ見ぬものを真実とする」であり、学生時代の恩師で、早大理工学部電気工学科を創設時の山本忠興教授によって感化されたものであった。

創業したソニーも、大衆の望むところの究極の北極星を井深が掲げ、ソニーの開発陣が総力で大衆が見たこともない使う人のライフスタイルを変えるような新製品を現実として人々に提供し続けた結果、世界市場で認められ大企業に上り詰めたのである。日本の高度成長期のソニーの活動は井深の生き方をもとに運営されたのである。

ソニーの経営でも、家族の長としても、更なる私的な面でも、区別は無い。人類社会、所属する会社や業界、家族、自分自身などが直面する課題などについて、望ましい姿を描き出して、すぐできるかどうかは無関係にできると信じて、優先順位を付けて実現させ、所属する企業や家族が自分の死後も豊かに暮らせるように後世に残す活動、即ち遺伝子につなぐ活動として一歩ずつ進める。

自身の肉体はやがて死を迎えるが、その望ましい姿の実現に向かう行動を通して心に蓄積された人類文化の進展に貢献するノウハウは死後に遺伝子となって人類に受け継がれることを信じ、身近で接していた人々の心にも残る。

井深は「誰もが、この世を通り過ぎていくならば、世のため、何を学び、何を残していくかを常に心がけねばならない。お金とか、地位とか、豪邸を持っていても、死んでいくときには持っていけません。死んだときに持っていけるのは、自身の周りで、まだ解決されていない公私にわたる諸問題を優先順位をつけて、死の直前まで解決しようと研究し実践することで、心の中に知識として蓄えられた心の糧が、死とともに気となって種につながる。

だから肉体は年齢とともに衰えて最後には体が言うことを聞かなくなっても、種とつながる生き方を心がければ、生き生きとした人生が送れる」と語っている。

ダーウィンの進化論は、確率論的に起こる種の突然変異が、地球環境変化や外敵に対し種が生き残り発展できる源だとしている。しかし、人間も含めた生物が、確率論でなく一代一代、望むところを実現しようと、個体の死の間際まで、努力し続け、その成果を積み上げた結果が、その死後、気となって種に受け継がれて、この願いを実現する種の変異が達成される。

井深はこのことを信じていたと思われる。

井深は1991年の講演で、細胞は個体全体のシステム情報をもっているとの証拠があると次のように語り、今日のiPS細胞の存在を予言していた。

「肉体を構成する細胞一つ一つに意志や、責任感や、運命論を持ち、あたかも一つの細胞というものが、一つの人間と同じような役割をしているとか考えられない節がたくさんある。

細胞自体はすぐ滅びて、遺伝子を使って跡継ぎをこしらえていき、その細胞自身の命を永らえる使命感を持っているほかに、細胞が集まって、たとえば心臓近くに存在すると、知らぬ間にその細胞は心臓を形成している一員として立派に心臓の働きにも同調する。

エマージェンシーが起きた時にも、細胞というのはネットワークというものを持っているようにしか考えられない別の働き方をする。細胞にはシステム論的な相互関係という感知機能をもつ重要な役割があるのだが、デカルト的科学論ではこうした発想は一つも出てこない」

21世紀になってIPS細胞の発見で山中教授がノーベル賞を受賞したことで、井深の「細胞というのは別の働きをする」論が証明されている。

またゲノム医療の進展などから、人の生活習慣によってはDNAにガン化のスイッチが入る変異が後天的に生ずることも明らかになってきている。

人類文化の進展に貢献する種につながる前向きな生活習慣を身に付ければ、井深の言うように人のDNAに影響を及ぼして種につながることも解明されるかもしれないゲノム新時代を迎えている。

古代ローマの皇帝に2代仕えた政治家であり、引退後に哲学者生活を送った後期ストア派哲学者のセネカは、「人生の短さについて」の随筆で、「無意味なことで多忙に生きることをやめ、過去の人が築いてきた文化の発展につながる貢献を目指して生きる人こそ、人間としての至高の人生であり、いつ死期がきても当然のごとく受入れられる」との言葉を伝えているが、井深の生き方はまるで至高の生き方を目指すストア派哲学者のようでもある。

キリスト教は、認識や意思の働きをする霊魂と、可分的な機械仕掛けで動く肉体が合体した人間は、一代だけの存在であるが、霊魂は、死後も主（種）とともに生き続けるとされている。

また、心の底から湧きあがる個々の人の望みや志は、神からの啓示であるから、迷わず突き進んでそれを実現すべく生ある限り行動することが、真の人間の生きるあかしであるとしている。

井深が生涯の師と仰いだ山本忠興教授の一生は、死後、関係者が記した山本忠興伝の裏表紙に新約聖書のヘブル書11章1節が書かれ、本人の生き方そのものを表している。井深の一生も同じく「望むところを確信し、まだ見ぬものを真実とする」を貫いた生涯であった。

常にいま自分が向かっていこうとしている方向や心の中で解決できていない問題を考えながら、書店の本棚を眺めると『心に革命を起こしてくれそうな本や私に見つけられるのを待っているような本』と出合う。

また毎朝読む各新聞の下段に並ぶ新刊書の案内は丹念にみる。そして本を乱読しどんどん自分の中に新しい知識を蓄積していく。読んだ本の著者のパーソナリテイに興味を持てばその全ての著作を読破することもいとわない。

肉体は衰えていくけれども、この取り組み、その知識、その成果が、死後も気となって種につながると、身近な人々に語り続けた。

4 井深の死

井深は1997年（平成9）12月19日夜明け前の3時38分に自宅で長女とその夫の医師、長男夫妻に見守られて逝った。本人が予告した通り夜寝ていてそのまま夜明け前に苦しみもなく逝った臨終であったと、長男の井深亮氏が著書『父　井深大』（1998年9月ごま書房刊）に記している。

西洋医学に不信感を抱いている井深は、日ごろから周りの人たちに次のことを言っていた。

「死について、自分でも不思議なくらい関心がない。夜寝ていてそのまま目が覚めなければ、それでいいじゃないか。私が死んでしまったら皆は悲しむかもしれないし迷惑もかけるだろう、自分としてはそれでバイバイだからね。僕は病院でなく、家で人知れず眠るように逝くよ」

（「井深大語録」井深精神継承研究会　1994年ソニーマガジンズ刊）

あとがき

「創業者の重大な役割は時代を貫く経営のタテ糸を継承させることである」

経営の「経」は布を織るときのタテ糸を意味して、時がたっても変えてはいけない創業の理念や価値観を意味します。

ソニーの創業者である井深大氏の理念は「望むところ（北極星）を確信し、まだ見ぬものを真実にするなり」です。

ソニーは戦後の40年では半導体のパラダイムシフトを先駆け日本の電子立国に貢献しました。次の21世紀のパラダイムシフトでは人工知能ＡＩの応用商品展開をやってくれるのではないかと83歳の井深氏は期待していました。

21世紀に入る8年前の1992年1月のソニー新春マネジメント会同のテーマが「ニューパラダイムシフト」であることを知った井深は、この話を　聞かせてほしいと出席させてもらいました。

会同では、当時のソニー経営陣からは「デジタル・ミニディスク」の新開発製品がパラダイムシフトを起こすものというプレゼンがなされました。会議の終了後、発言を求めた井深は「これは単なる道具立てに過ぎない」と8年後にせまった21世紀には通用しない旨の発言がなされました。事実、井深が指摘したとおり、iPodやICレコーダーが登場すると、ミニディスクは消え去りました。

今では、井深氏が60数年前に「AI技術がもたらす応用分野の未来の姿」を講演で語っていた音声テープをソニーのAI技術の責任者が4分間の動画にしてユーチューブで公開したところ、これこそがソニーが目指すべき21世紀のパラダイムシフトであると社内に周知されました。

そして2025年から、AI技術搭載の自動運転レベル3の電気自動車AFEELAアフィーラ」が、ソニーとホンダの合弁会社「ソニーホンダモビリティ」によって北米で発売され、その後、日本や欧州に販路が広げられます。

一方、ホンダ創業者である本田宗一郎氏は、「ホンダの進むべき道を照らす〝たいまつ〟は自分の手で掲げる」「新たなことを絶えず挑戦していくことが自分を進歩させることであり会社も成長させていく」

これこそが、時代を貫くホンダの経営の「タテ糸」であるとしました。

ホンダの経営のタテ糸「挑戦していくことが自分も進歩させることであり会社も成長させていく」との理念を4代目・川本信彦、5代目・吉野浩行といった技術屋社長は、ホンダジェット機の開発研究プロジェクトを布石することで応えたのです。

しかも、小型ジェット機開発プロジェクトメンバーの教育に関与し、アメリカでロッキード社などの戦闘機のエンジン設計や機体設計に従事した退職技術者をパート契約で雇用して、藤野などの若手に家庭教師的に教えて育成させることを第一優先としたのです。

これが21世紀の現在、ホンダジェット機が小型ビジネスジェット機の市場で世界1の座を占めることになり、航空機業界でもホンダの名声を高めたのです。

世界市場において輝かしい業績を上げている優良企業として21世紀に入ってもソニー

とホンダは一目置かれている存在です。

「井深大と宗一郎が増税なき財政再建を目指す土光臨調を応援した事実」

本書第7章7節に記されているように、リタイヤした後の76歳の井深大と宗一郎が増税なき財政再建を目指す土光臨調を応援していた事実に、皆さんはどう思われるでしょうか。

宗一郎は「企業はヘタなことをすると倒産するからそろばんが入る。議会が官僚と一緒になって自分の仲間の安全保障から出発して『自分の得になればいい』ことだけやって国民だけがスカを食っているのが今の日本の姿」と語っています。国の在り方を変え、可能な限り小さな政府を求めて行革推進全国フォーラムを全国各地で井深と宗一郎は主催し、政府の補助金、許認可、定員を現状より少なくしていくことを応援していました。この時代の国債発行残高は数十兆円でありましたが、井深と本田は、危機感を持って、国債発行なしで予算が賄えることを目指しました。１９９０年予算は国債発行なしで国会で可決されることができました。

井深と本田が増税なき財政再建を応援し始めた時の国の借金は数十兆円でしたが、現在の国の借金は１２００兆円に膨れ上がっている事実があります。

にもかかわらず、政府は更に２０２５年からＧＮＰの２％の防衛予算を毎年計上することを優先的に可決させています。

2倍の防衛予算で軍備増強しても、日本経済は好転できませんから２０２５年の国の経済状況がどん底になった時、皆さんはどう対応されるのでしょうか。

本書第5章第1節では 終戦直後に、戦争によって膨れ上がった国債発行を解消するため、政府は新円を発行して旧円札を紙くずとする法令を通して国民のタンス預金などの財産を吐き出させ、財産税90～25％の重税を課しました。その後、４年で物価が65倍となるハイパーインフレを起こして国の借金を解消せしめています。この重税地獄を生き抜いた井深と本田の対処した内容を記しています。

近年、与党が、国の借金が１２００兆円以上積みあがっているにもかかわらず毎年の予算額が過去最高額に毎年積みあがっても、国民の持つタンス預金などの財産総額が２０００兆円もあるので問題は起こらないと言っています。

国はイザとなったら与党が衆議院で過半数を占めていることで、新円札が発行されるタイミングで、終戦直後と同様にタンス預金の旧円札を吐き出させ財産税による国民の預金の没収と、物価高騰インフレにより、国の１２００兆円を超える借金をチャラにする方策を知っています。このようなことが政府によってなされないよう切に願うところです。

「２０２５年日本経済が先進国最下位となることが見込まれている原因」

１）１９８６年の日米半導体協定で日本から先端技術が失われる40年となった

１９８６年、時の政府により日本の先端技術のコンピュータ用トロンＯＳや、ハイビジョン衛星放送技術や、Dramなど世界最先端を走っていた国産技術が、政府による日米半導体協定により、国産コンピュータやパソコン、テレビなどへの日本の先端技術搭載を禁止させ、代わりにアメリカ製のマイクロソフトやＩＢＭのＯＳや、インテルのチップなどの搭載義務を負わせた。

これにより日本から先端技術が完全に失われた40年となった事実があります。

2）縁故資本主義の政権が続いて財政規律が緩み、歯止めなく毎年過去最高の予算額を計上して日本の経済力が先進国グループから転落しかねない状況に

本書の「はじめに」でも示している「プアージャパン」野口悠紀雄　朝日新聞出版社によると、アベノミックスで日本の一人あたりはＧＤＰは13位から、２０２２年には27位に転落、先進国グループから転落しかねない状況に陥ていると指摘されています。

安倍元首相が縁故資本主義者であることは、朝日新聞２０２３年9月22日朝刊の「耕論」欄で高崎経済大学　溝口哲郎教授は次のように投稿しています。

「岸田文雄首相の長男で政策秘書官だった翔太郎氏による昨年の公邸での『忘年会』が問題視されましたが、縁故主義の弊害が表面化した例です。…官僚や政治家、民間企業との間の密接な関係がビジネス継続の決定的な要因となり「縁故資本主義」と呼ばれることもあります。…安部政権下の森友・加計学園問題では首相との関係で許認可が決まるという疑念を抱かれました。」

同日の朝日新聞33面では東京五輪437億円の取引分野の入札談合事件で、大会組織委員会の森元次長と広告最大手「電通グループ」など各社の幹部6人に懲役2年を検察側が求刑して東京地裁で結審したと報道されています。

縁故資本主義の政治が長年定着すると、縁故のない若者たちが貧しくなり、働くことや結婚する意欲もなくなり、政治にも無関心となります。投票にもいかず、引きこもり、無為に過ごすことが若者の間でまん延しています。その結果、日本の少子化は加速度的に進むこととなります。

解決策はただ一つ。国のリーダーに、この人なら、頑張って応援したいと国民が思うような人徳を備えた人が国のリーダー首相に選ばれる日が来ることです。世襲制の政治家がまん延している日本では、期待できない事でもあります。

最後になりますが、出版の機会をいただいたごま書房新社には筆者は特別なご縁を感じています。新社の前身であるごま書房が発足時、ソニーの創業者井深大氏が携わっていた関係で、幼児教育をテーマとした氏の多数の著書を出版しており、さらにはベストセラーとなった『わが友本田宗一郎』の出版社でも知られています。池田社長には、出版にあたり様々なアドバイスやご協力をいただきました。あらためて感謝申し上げます。

筆者は、井深大と本田宗一郎の二人は、20世紀後半に活躍した過去の人ではなく、「21世紀のＡＩ技術や、ホンダジェットの布石を60数年前に実行していたすごい人である」ことを多くの日本人に知っていただきたいと願っています。

豊島 文雄

＜主な参考文献等＞

・「創造の旅」井深大／1985年／佼成出版社
・「経営に終わりはない」藤沢武夫／1986年／(株)文芸春秋
・「創造の人生、井深大」中川靖造／1988年／ダイヤモンド社
・「わが友　本田宗一郎」井深大／1991年／ごま書房
・「人作りの原点」井深大／1991年7月／
早大理工研創設40周年記念講演録
・「本田宗一郎と藤沢武夫に学んだこと」西田道弘／1993年／
PHP研究所
・「井深大語録」井深精神継承研究会／1994年／ソニーマガジンズ
・「教育力」丸山俊秋／1997年／風雲舎
・「ソニー技術の秘密」木原信敏／ 1997年／ソニーマガジンズ
・「父　井深大」井深亮／1998年／ごま書房
・「技術で生きる」松尾元男、岡野雅行／ 2003年／ビジネス社
・「ソニーの遺伝子」勝美明／2003年／日経人ビジネス文庫
・「ソニー中村研究所　経営は1・10・100」中村末広／2004年／
日本経済新聞社
・「井深大がめざしたソニーの社会貢献」宮本喜一／2009年／WAC
・「本田宗一郎」筑摩書房編集部／2014年／筑摩書房
・「人生の短さについて他2編」セネカ著／中沢務訳／2017年／
光文社古典新訳文庫
・「ホンダジェット誕生物語」杉本貴司／2018年／
日経ビジネス人文庫
・「ソニー井深大AI自動運転を予言した62年前の音声発掘」
週刊文春／23.4.13
・「分断と凋落の日本」古賀茂明／2023年4月／講談社
・「プア・ジャパン気がつけば『貧困大国』」野口悠紀雄／
2023年9月／朝日新聞出版
・Webタイトル「Hondajet/about us」のHistory欄
著者 ホンダエアクラフトカンパニー
・Webタイトル「衝撃　日本が開発した幻のOS」
著者 NEX工業2021.3.21作成

◆著者略歴

豊島 文雄（てしま ふみお）

著者については、勝美明著『ソニーの遺伝子』（2003年日経ビジネス人文庫）のなかで、平面ブラウン管（ベガ）のキックオフの際の登場人物として「豊島はソニーの多くの経営幹部に"懐刀"的に仕えてきた市場分析のプロだ」と紹介されている。

早稲田大学理工学研究科修士課程卒、1973年ソニー（株）入社。

ウオークマン発売6年前のテープレコーダ部署に配属。その後、カメラ＆ビデオ事業部等を歴任。

1986年ソニーの幹部クラスの直属スタッフ・企画業務室長を務めながら1998年主席（マネジメント研究分野の部長級専門職）、2002年ソニー中村研究所（株）設立時取締役。

2007年、井深大の経営手法と人生哲学を啓蒙する「（株）1・10・100経営」を起業。

ソニー現役時代を含め延べ6000名を研修した実績がある。

2020年（令和2）年、井深大の経営手法や人生哲学を伝える著書『井深大の箴言』（ごま書房新社刊）を出版する。

ソニーAI技術井深大と
ホンダジェット本田宗一郎の遺訓

2023年12月8日　初版第1刷発行

著　者　　豊島 文雄
発行者　　池田 雅行
発行所　　株式会社 ごま書房新社
〒167-0051
東京都杉並区荻窪4-32-3
AKオギクボビル201
TEL 03-6910-0481（代）
FAX 03-6910-0482
カバーイラスト　（株）オセロ 大谷 治之
DTP　海谷 千加子
印刷・製本　精文堂印刷株式会社

ISBN978-4-341-08849-1 C0030